本书写作和出版得到华南农业大学 A 类科研项目"人力资源开发助力精准扶贫的机制与路径研究"的支持

ZIZHU GUANLI KECHENG KAIFA DE
ANLIXING YUJIANSHI XINGDONG YANJIU

邓永超◎著

自主管理课程开发的案例型预见式行动研究

暨南大学出版社
JINAN UNIVERSITY PRESS

中国·广州

图书在版编目（CIP）数据

自主管理课程开发的案例型预见式行动研究/邓永超著. —广州：暨南大学出版社，2019.8
ISBN 978 - 7 - 5668 - 2679 - 4

Ⅰ. ①自… Ⅱ. ①邓… Ⅲ. ①课程—教学研究 Ⅳ. ①G423

中国版本图书馆 CIP 数据核字（2019）第 153574 号

自主管理课程开发的案例型预见式行动研究
ZIZHU GUANLI KECHENG KAIFA DE ANLIXING YUJIANSHI XINGDONG YANJIU
著　者：邓永超

出 版 人：徐义雄
策划编辑：姚晓莉
责任编辑：亢东昌
责任校对：孙劭贤
责任印制：汤慧君　周一丹

出版发行：暨南大学出版社（510630）
电　　话：总编室（8620）85221601
　　　　　营销部（8620）85225284　85228291　85228292（邮购）
传　　真：（8620）85221583（办公室）　85223774（营销部）
网　　址：http://www.jnupress.com
排　　版：广州市天河星辰文化发展部照排中心
印　　刷：广州市快美印务有限公司
开　　本：787mm×1092mm　1/16
印　　张：13.5
字　　数：225 千
版　　次：2019 年 8 月第 1 版
印　　次：2019 年 8 月第 1 次
定　　价：48.00 元

（暨大版图书如有印装质量问题，请与出版社总编室联系调换）

前　言

我国高校近年来获得了飞速发展，但在发展过程中也暴露出许多问题，这些问题如果不能很好地解决，将会制约高校教育的后续发展。课程是教育的核心，高等教育尤其需要开发高水平、创新性的课程。本书从分析目前高校已有课程的困境出发，提出用预见式行动研究开发课程。全书以 H 大学的"教育与课程文化哲学专题研究"为例，探讨面向未来的行动研究新范式——预见式行动研究是否适合开发高校课程，并最终提出了课程开发创化模式的模型图。

预见式行动研究是行动研究的一种新范式。由于人们习惯于将实践者从事的实践活动和实际工作称为"行动"，而只有专业研究者、专家学者对事物规律的科学探索才称为"研究"，造成了行动与研究、实践与理论的隔离。针对此弊端，学者们提出了行动研究，将实践者和专业研究者不同的行为主体的活动整合到"行动研究"中来。

理论上，采用注重"创造性和过程性""平等对话未来""教育面向未来生活实际"和"开展预见式行动学习"的预见式行动研究，能使课程更有利于激发师生的创造性，吸引更多开发主体平等对话未来；有利于学习者适应未来生活，促进课程更好地满足学习需求。

实践上，师生共同体进行了两轮预见式行动研究，通过循环进行的预见未来/建构未来、研究规划、行动实施、观察评价、反思改进/反思预见和再次建构未来等环节，验证了师生基于预见式行动研究自主管理课程开发的有效性。

本书通过研究建构了一种课程开发新模式——创化模式，还提炼出了其的模型图和特点等，拓展了课程开发理论。本书的研究成果可以应用于精品课程建设、课程改革、实践教学、活动课程和整合课程等探索；本研究也有利于教师的学科专业发展和教学专业发展，有利于导师引领自己的学生形成学术梯队；同时也为大学生培养工作提供了案例，可以供高校有关部门、研究者和管理者等决策和实践时参考，具有较强的理论意义和实践意义。

由于个人水平有限，书中不足之处在所难免，恳请各位前辈、专家学者和读者不吝指正！

邓永超

2019 年 5 月

目　录

第一章　绪　论

泰勒（Taylor，P. H.）和理查德（Richards，C.）在其《课程研究入门》一书中指出：课程是"教育事业的核心，是教育运行的手段"。《教育部关于改进和加强研究生课程建设的意见》强调，高度重视课程学习在研究生培养中的重要作用，强化研究生培养单位的课程建设责任，构建符合培养需要的课程体系，建立规范、严格的课程审查机制，加强研究生选课管理，完善课程考核制度，加强课程教学管理与监督，以及强化政策和条件保障等。研究生课程是高校课程的重要组成部分。[①] 加强课程开发已成为当今世界各国高校教育改革的基本趋向。通过文献综述可以发现，我国关于高校课程开发的研究比国外少。本书探究高校师生如何用行动研究的新范式"预见式行动研究（anticipatory action research）"来自主管理课程开发。

第一节　研究缘起

与发达国家相比，我国高校教育虽然开始得晚，但起点高、发展快。值得一提的是，我国高校近十年的发展迅速。然而在飞速发展的同时，也暴露出一些不足，这些不足假如不能很好地予以解决，将会制约高校教育的后续发展。课程是教育的核心，因此，为了促进高校教育的发展，迫切需要开发水平高、创新性强的高校课程。

一、现实困境：已有课程难以满足"创化"需要

国外学者关于教育目的和人才培养目标的研究中，代表性的观点认

---

① 陈学飞，等. 西方怎样培养博士：法、英、德、美的模式与经验［M］. 北京：教育科学出版社，2002：1.

为，高校教育重在知识创新。① 以高校中的最高学历——博士研究生为例，法国要求所有博士学位论文都应对未开发领域进行初步探索，这种探索必须具有新内容。美国要求哲学博士学位论文应在理论上有所创新，专业博士论文应在实践探索方面有所创新。英国要求博士学位论文要有独创性，如英国教授菲利普斯将博士论文"独创性贡献"的表现归纳为15个方面：①第一次用书面文字记录新信息的主要部分；②继续前人做出的独创性工作；③进行导师设计的独创性工作；④在即使并非独创性的研究工作中，提出一个独创性的视角、方法或结果；⑤含有其他研究生提出的独创性的方法、观点和解释；⑥在证明他人的观点中表现出独创性；⑦开展前人尚未做过的实证性研究工作；⑧首次综合性表述某一问题；⑨使用已有材料做出新解释；⑩在本国首次做出他人曾在其他国家获得的实验成果；⑪将某方法应用于新的研究领域；⑫为一个老的研究问题提供新的证据；⑬应用不同的方法论，进行交叉学科的研究；⑭注视本学科中他人尚未涉及的新的研究领域；⑮以一种前人没有用过的方式提供知识。德国要求博士论文必须是学生独立完成的科研成果，必须有相当程度的学术价值，论文不是资料、数据和科学观点的简单罗列和堆积，应是在科学研究的基础上提出自己的观点，应对某领域的科学发展做出贡献。②

"课程是知识传承、创造和发展的重要载体"，课程应"新"，指的就是课程要具有学科国际前沿性。③ 由于知识的更新速度加快了，学生只有参加新的课程学习，才能把握学科前沿动态，了解相关学科的新进展，进行创造性的科学研究。④

"在当代社会，人们追求文化与人的统一，追求课程与学习者的同一。"⑤"文化的本质就是人的自我生命存在及其活动"，"课程作为进入教育领域的特殊文化，实质就是人的学习生命存在及其优化活动"。⑥ 课程开发/发展（development）就是学习者自我开发/发展，就是要通过学习开发

---

① 包水梅．我国高校学术型博士研究生课程建设研究［D］．厦门：厦门大学，2014：25．
② 陈学飞，等．西方怎样培养博士：法、英、德、美的模式与经验［M］．北京：教育科学出版社，2002：17 – 18．
③ 徐希元．当代中国学生教育研究［M］．北京：知识产权出版社，2006：426．
④ 陈学飞，等．西方怎样培养博士：法、英、德、美的模式与经验［M］．北京：教育科学出版社，2002：241．
⑤ 黄甫全．现代课程与教学论：第三版［M］．北京：人民教育出版社，2014：184．
⑥ 黄甫全．现代课程与教学论：第三版［M］．北京：人民教育出版社，2014：65．

文化从而优化生命，要求学习者自主管理课程开发。课程的学习者（教师和学生）应"具备"并"需要"不断发展课程开发能力和文化创生能力，[①] 高校课程开发就是师生自主管理课程开发，主动地、创造性地开发自我与发展文化创生能力的过程。人与文化统一，人在文化创生的同时也优化了自我的生命。课程开发就是要"师生在创生文化并与文化整合中优化生命"，即实现人与文化的双向"创化"。[②] 文化的核心成分是知识，所以，创生文化也就是创新知识，"创化"也就是"创生并践行知识从而优化生命"。

但已有的高校课程难以满足"创化"需要，甚至连最应强调创新的博士课程也存在创新性不足的问题。例如，中国博士质量分析课题组调查分析了全国289个博士培养单位，指出我国已步入高等教育大国行列，基本实现了立足国内、自主培养高层次人才的战略目标。但是，与国家新的战略需求相比，博士培养还存在一些突出矛盾和问题，如论文质量把关不严，学生创新能力与世界高等教育强国相比差距较大等。[③] 有研究指出：中国博士学位论文普遍存在文献综述与分析不充分，研究方法不够科学严谨，创新性不够或者缺少创新性等问题。[④] 学者罗尧成利用2007年底全国性博士教育质量调查的契机，对相关数据进行了统计分析，指出：我国的高校教育应加强对课程学习重要性的认识，"目前我国高校博士学位课程的前沿性状况还很不理想"。[⑤] 中国学位与研究生教育学会重点课题"我国研究生课程现状调查与建设研究"课题组，对北京3所"985工程"建设高校和1所"211工程"建设高校进行了研究，选择278名研究生进行问卷调查。结果表明课程在学生科研能力培养中存在的问题有：课程设置与科研能力的需求有偏差，与科研过程脱节严重；前沿性知识缺乏，组织形式单一，课程资源不足，教学环境封闭；课程结构比例不合理，跨学科选

① 本书的"文化创生"不仅仅是"文化的创生"，而是"文化地创生"。"文化的创生"是要创生文化，而"文化地创生"是要"人与文化整合（向文而化）"地创生。"文化创生"就是"创生文化并向文而化"，也就是"在人与文化整合中创生文化"。

② 《现代汉语大词典》将"创化"解释为"创造养育"，并以朱光潜《艺文杂谈·慢慢走欣赏啊》中的句子为例："在这种生生不息的情趣中，我们可以见出生命的创化。"

③ 中国博士质量分析课题组. 中国博士质量究竟如何［N］. 光明日报，2011–05–10.

④ 陈学飞，等. 西方怎样培养博士：法、英、德、美的模式与经验［M］. 北京：教育科学出版社，2002：24.

⑤ 罗尧成. 我国高校博士课程设置现状分析及改革建议——基于三所"985工程"高校调查问卷的统计［J］. 高等工程教育研究，2009（5）：149–154.

修课程比重小；课程学习观念淡薄；课程考核评价标准模糊。[①] 现实中，有些学生缺乏整体性思维，不善于同他人合作，没有践行学研知识，不能兼顾好学习和生活等。而教师们忙于科研和学科建设等，苦恼于学生科研能力低，研究进展缓慢。师生难以形成学研共同体并合作创新知识。

二、理想出路：基于预见式行动研究自主管理课程开发

笔者 2015 年 6 月前在 H[②] 大学攻读博士学位。笔者的博士生导师 Q 老师特别重视对学生进行科研训练，为自己带的学生开发了"教育研究方法"专题研究课程。笔者攻读博士学位期间，在导师的引领下研究的专题是国外新兴的预见式行动研究，并聚焦其中的一种代表性方法——"原因层次分析法（Causal Layered Analysis）"。

笔者践行学研内容，对自己的学习进行预见式行动研究，经常应用原因层次分析法反思自我的学习，体会到要创新知识，需要冲破思维定式、陈旧观念等的束缚。但构成这些的逻辑支点是具有逻辑强制性的隐匿的"手"，它制约人的思维和行为按照既定的路径进行。只有深入"隐匿"的世界观，改变这一制约人之思维和行为的逻辑支点，创建出更合理的支点，新的思想和行动才能真正生效。而且学生在钻研高深知识时可能遭遇困难，出现无意识的焦虑情绪、畏难心态等。无意识通常连自己都难以察觉到，要借助隐喻才能意识到。预见式行动研究的代表性方法"原因层次分析法"的创新之处就在于刚好能深入一般的分析法难以触及的世界观层和隐喻（无意识）层，彻底消解思维定式、陈旧观念、焦虑情绪、畏难心态等，建构良策，使预见式行动研究能更彻底地变革时弊，更利于创新。[③]

笔者践行所学知识，消解思维定式和焦虑情绪等，创生了知识，撰写了关于原因层次分析法和预见式行动研究的专题论文[④]，并在工作和日常生活中应用二者。Q 老师带头践行学研内容，引领其他学生践行预见式行动研究和原因层次分析法，使学生更快地提升了创新能力，也能更好地做

① 张祥兰，王秋丽，林莉萍. 影响学生科研能力培养的课程因素调查分析［J］. 学位与研究生教育，2010（5）：6-9.
② 按照学术研究的保守有关信息秘密的规则，凡是涉及具体人物、单位等，都用代号称之，下同。
③ 邓永超. 基于"预见式行动研究"的创化模式［J］. 高教探索，2017（1）：33-37.
④ 邓永超，黄甫全. 原因层次分析法：预见式行动研究的有效方法［J］. 电化教育研究，2014（6）.

人，Q老师自己也实现了教学和科研的一体化。我们深切地感受到：在课程学习中践行预见式行动研究，是课程满足"文化创生并优化生命"需要的有效路径。

H校还倡导博士生导师结合自己的专业特长和研究领域给自己带的学生开发一门研究方法论的训练课程。Q老师钟情并擅长文化哲学，拟采用预见式行动研究的方法为自己带的博士生、硕士生，以及有志于学术研究的本科生开发"教育与文化哲学专题研究"的研究方法论训练课程，侧重于让学生从文化哲学（或其他）的视角选取某种研究方法去探究与之相匹配的教育与管理前沿专题。

"教育与课程文化哲学专题研究"课程比"教育研究方法"课程难度大，学生可能会遭遇更多困难，特别需要用原因层次分析法去克服。应用原因层次分析法是有难度的，需要教师引领和有经验的学生"传帮带"。

笔者当时觉得身为学生，有责任和义务配合教师用预见式行动研究开发该课程，现身说法让同学们信服预见式行动研究的优势，帮助同学用原因层次分析法攻克学习困难，尽快提升科研能力。当然，尽管此类课程很有效，但任何事物总有不足之处，总需要优化。开发该课程，需要利益相关者合作开展预见式行动研究分析学生的需求和困难，不断优化课程。笔者当时作为学习者，更能预测、了解和体会同学们在课程学习中的需求和困难，能更好地发挥桥梁作用，更好地与教师沟通，更好地帮助同学们克服学习困难。本研究选取该课程作为具体研究案例，探究预见式行动研究是否适合自主管理课程开发。

第二节　研究意义

本研究以H大学"教育与课程文化哲学专题研究"课程为例，探究面向未来的行动研究新范式——预见式行动研究是否适合师生自主管理课程开发，开展本研究具有显而易见的理论和实践意义。

一、理论意义

本研究立足于H大学开发研究方法论训练课程的场景，以文化哲学为方法论，应用国内外的先进理念和方法，努力拓展和深化相关理论，主要具有如下理论意义：

（1）对于课程开发模式而言，本研究建构了一种课程开发新模式——"创化模式"，并验证其有效性，还提炼出了它的原理、模型图与特点等，拓展了课程开发理论。

（2）对于研究主题而言，"学习化课程"是课程领域的前沿课题，是新的课程形态。本研究基于学习化课程的理念，设计"教育与课程文化哲学专题研究"课程的方案，通过两轮预见式行动研究不断改进方案，有利于"学习化课程"理论的发展。

（3）对于研究方法而言，本研究践行"整体主义研究方法论"，应用行动研究的新范式——预见式行动研究，并开展"案例型"预见式行动研究，提出预见式行动研究的五个基本环节，运用"原因层次分析法"，并将其与其他收集和分析数据/资料的方法有机整合，发展并创新了研究方法。

（4）对于学生科研能力提升而言，本研究丰富了提升的方式。国内外研究表明"理论学习"与"研究训练"相结合是提升学生科研能力的重要途径。该课程对科研能力提升有效，也丰富了"理论学习"与"研究训练"结合的方式。

（5）对于高校课程和教学理论发展而言，高校课程与教学需要不断创新内容、方法和理念等，本书的研究成果可以应用于精品课程建设、研究生课程改革、实践教学、活动课程和整合课程等探索。

二、实践意义

本研究基于文化哲学，以开发一门课程的实践为研究案例，注重践行学研内容，强调理论与实践紧密结合，主要具有如下实践意义：

（1）对于师生共同体而言，"教育与课程文化哲学专题研究"课程不仅要训练学生学会用文化哲学（整体主义）视角去研究问题，更要求学生形成整体主义的思维方式和行为方式，践行学研内容。学生在导师的引领下互帮互助，共同优化生命。该课程有利于培养学生的团队意识和合作能力。该课程学生的专业属于教育类，在职学生都当教师，非在职学生也可能当教师，其在从教过程中可以践行先进理念，薪火相传，本研究也有利于教师教育。

（2）对于教师而言，教师引领学生开展科研，既提高了教学质量，培养了学生，也促进了自身的科研。本研究有利于教师的教学、科研和学科建设等一体化，有利于教师的学科专业发展和教学专业发展，有利于导师引领自己带的研究生形成学术梯队。

（3）对于学生而言，本研究有利于学生知行合一、完善自我。对该课程开发的整个过程进行预见式行动研究，是为了不断优化该课程，使之能更好地提升学生的科研能力，并践行学研内容。该课程引导学生用原因层次分析法自我反思，进行预见式行动学习（anticipatory action learning），学生掌握了这些方法，以后可以应用到其他课程的学习和工作、生活中。

（4）对于课程开发而言，"教育与课程文化哲学专题研究"课程采用专题研究的方式，以该课程为案例进行探究对采用专题研究方式的其他课程有借鉴作用。该课程的开发对其他课程的开发也有参考价值，可以应用预见式行动研究开发其他课程。

（5）对于学生管理部门和培养单位而言，学生创新能力、团队意识、应用技能等的提升是人才培养的重要内容。教师引领学生践行学研内容更利于学生感悟学研内容，创新和践行知识，提升人才培养质量。本研究为人才培养工作提供了案例，可以供有关部门、研究者和管理者等决策和实践时参考。

第三节　概念界定

本研究的主要概念包括"课程开发""自主管理课程开发""案例型预见式行动研究"和"教育与课程文化哲学专题研究"课程等，下面对这些概念予以界定。

一、课程开发

在我国，课程有"课""程"和"课程"三种词源。①"课"的本意为"用功以果"。东汉许慎《说文解字》指出："课，试也。从言，果声。""试，用也。"《虞书》曰："明试以功。"因此，"课"与语言和成果有关，原意为"试功夫加以任用"。②"程"是计量单位，本意是"众多"。《说文解字》："程，品也。十发为程，十程为分，十分为寸。从禾，呈声。""品，众庶也。""庶，屋下众也。""众，多也。从似目。""程"

与禾苗及呈现有关，原意为"生机勃勃"，到了宋朝，官编《广韵》："程，期也。""程"还有"期限"之意。③以前一般认为，"课程"一词在我国最早出现于唐代。然而，查找《四库全书》《四部丛刊》《古今图书集成》以及《大藏经》电子版发现，"课程"一词早就出现于南北朝时期翻译的佛经中。北魏凉州沙门慧觉翻译的《贤愚经·阿难总持品第三十八》曰："尔时有一比丘，畜一沙弥，恒以严敕，教令诵经，日日课程；其经足者，便以欢喜；若其不足，苦切责之。……于时沙弥闻是语已，即得专心勤加诵学；课限不减，日日常度。师徒于是俱同欢喜。"此段经文中的"课程"含义很明确，即为"规定功课学习的内容、分量、期限并进行考核督促"，与现在日常语中"课程"的意思接近。而在国外，课程一词的英文为"curriculum"，来源于拉丁语动词"currere"，意为"跑"（to run）。"curriculum"即跑道（a racecourse）或跑的过程（a running）的意思。根据《韦氏词典》（Merriam-Webster Dictionary），"curriculum"在英文中最早出现于 1824 年，最初强调其拉丁语词根，意为"跑道（racecourse）"，因此对学生而言，学校课程即奔跑竞赛，就是需要越过的一系列跨栏或障碍课目。后来"currere"的动词不定式（to run）内涵被挖掘出来，从而凸显课程的"奔跑活动（running）"，即"生活经验（lived experience）"的含义，进而弘扬课程内蕴的通过"自传方法（autobiographical method）"以"自学（self-study）"的价值，强调"学程"。所以，《国际课程百科全书》将课程的含义阐释为"作业计划与学习进程（schedules of work and courses of study）"。① 到了近代，由于班级授课制的施行，赫尔巴特学派"五段教学法"的引入等，课程的含义逐渐从"学程"演变成"教程"。而现在随着人们越来越关注人本身，人们对"课程"的关注逐渐从"教程"转到"学程"或主张"课程"是"教程"和"学程"的统称。② 基于此，本研究主张"课程"是"教程"与"学程"的统称，是人的学习生命存在及其优化活动。

课程开发包括不同层面，如个别教学、班课、学校、地方、国家以及世界层面。本研究指"班课"层面。

1991 年出版的具有权威性的《国际课程百科全书》把第三部分的标题列为"课程过程（curriculum processes）"，并以"课程开发过程（the

---

① 黄甫全. 现代课程与教学论: 第三版 ［M］. 北京: 人民教育出版社, 2014: 57–58.
② 马正学. 西北少数民族地区校本课程开发研究 ［D］. 兰州: 西北师范大学, 2004: 20.

process of curriculum development)"为核心。课程开发过程是由"课程规划、课程实施和课程评价"三个阶段有机联系在一起而构成的。[①] 课程实施的主要途径或活动实际上就是教学。因而,课程内在地包含着教学活动。在大课程观里,教学是实施课程和达到教学目标的根本途径,极其重要。[②] 本研究采信"大课程观",认为课程开发是精心组织的规划、实施、评价并管理课程的动态过程,分课程规划、课程实施和课程评价三个阶段。

(一) 课程规划

课程规划是指师生等合作制订教师和学生将要在教学活动中执行的教学计划的过程。具体来说,课程规划是指制订课程计划或方案,编制教学材料以及开发课程资源等活动过程。人们常使用"课程规划""课程设计"之类的术语来称呼这一过程。目前,课程设计作为特定概念有两个指称:一是指称设计课程的活动,此时,"设计"为动词,课程设计也就是课程规划;二是指称这种设计活动的产品,此时,"设计"为名词,相当于我们常说的"课程方案"。因此,课程设计是集过程和产品于一体的概念。所以,课程设计既等于课程规划,指研制课程实施计划的过程,又指课程规划过程的产品,是独立存在的实体和课程决策过程的结果。课程设计的重点在于课程要素或成分(components)的组织方式,英美等国家的学者一般把课程规划(也就是课程设计)的要素分成"目标""课目主题""方法与组织"和"评价";在我国,课程规划的要素分为课程哲学、课程目标、课程内容、教学方法、评价反馈以及课程管理(课程组织)六类。[③] 本研究采信课程规划(课程设计)的六要素,见图 1-1。

---

① 本部分对课程开发的界定引自黄甫全. 现代课程与教学论: 第三版 [M]. 北京: 人民教育出版社, 2014: 11. 黄甫全教授在该书中指出: 我国学者对"curriculum development"一词的译名,"目前,大家常用的是'课程开发'或'课程研制'"。该书有时用的"课程研制"实质上指的就是"课程开发",我引用时用"课程开发"代替原书中的"课程研制"一词,本书其他地方引用该书时作同样处理。

② 黄甫全. 现代课程与教学论: 第三版 [M]. 北京: 人民教育出版社, 2014: 12.

③ 黄甫全. 现代课程与教学论: 第三版 [M]. 北京: 人民教育出版社, 2014: 218-219.

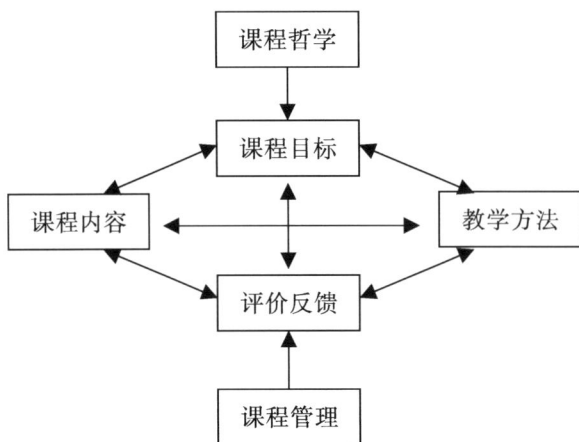

图 1-1　课程规划六要素及其相互关系模式图

上述六要素形成一个有机整合的课程规划系统，各要素间相互影响和促进。在课程开发中，要开发"课程哲学""课程目标""课程内容""教学方法""评价反馈"以及进行"课程管理"等，优化每个要素，使之效应最大化，同时要优化组合各要素，使整个课程系统的效应最大化。

（二）课程实施

课程实施是把规划阶段设计的课程方案变为师生的教与学的行动，就是把课程规划阶段选择和确定的课程哲学、课程目标、课程内容、教学方法、评价反馈和课程管理这六要素投入实际的教与学活动之中。具体来说，课程实施就是根据规划阶段设计的课程方案，利用选定的教学材料、课本和课程资源等媒介，师生共享和交流知识经验，学生在掌握知识经验的过程中实现自身的成长和发展，同时教师也得到专业发展。

（三）课程评价

课程评价是对课程开发过程的评估，以确定是否达到预期课程目标，学习和计划是否能获得成功。课程评价的目的主要有两个：一是为正在进行的课程开发的各个步骤及时反馈信息，以促使其及时改进；二是为新一轮的课程开发提供改进课程规划与实施的反馈信息。课程评价不仅是课程开发过程中的一个阶段，更是贯穿于整个开发过程的元素。课程规划和课程实施两个阶段也包含着评价。规划阶段的评价，就是对课程哲学、课程目标、课程内容、教学方法、评价反馈及课程管理的决策，对所涉及的教师、学生及其他利益相关者和课程资源的应用等进行合理性评估，并进行即时的反馈调节，以尽可能地完善课程规划。课程实施阶段的评价，侧重于对课程实施具体计划、教师的教学组织表现、学生的学习活动过程及其成效、教学资源的应用及其效果，实施即时的评估与反馈调节，以尽可能地完善课程实施过程。此外，课程评价阶段，也要对自身进行评估，包括对所选择的评价方法和工具、评价实施各个细节及评价的结果进行即时的评估与反馈调节。①

二、自主管理课程开发

对于"自主"一词，《国际标准汉字词典》的界定，就是自己做主，不受他人支配。② 管理是有效整合组织的资源以达成组织既定目标与责任的动态创造性活动，管理具有动态性、科学性、艺术性、创造性和经济性等特性。③

自主管理是指管理对象进行自我约束和自我控制，通过自我发现问题、分析问题、解决问题，变被动管理为主动管理，进而自我提高、自我创新、自我超越，推动组织不断发展与前进，实现组织共同的愿景。④

"自主管理课程开发"指的是师生学习者自主管理"课程开发"，师生自主管理课程规划、课程实施和课程评价这一课程开发全过程。在课程规划阶段，教师和学生协作自主设计好课程哲学、课程目标、课程内容、教学方法、评价反馈以及课程管理等课程要素。在课程实施阶段，师生根据规划阶段设计的课程方案，利用协商选择的教学材料、课本和课程资源等媒介，共享并交流知识经验，学生在自主掌握知识经验的过程中实现自身的成长和发展，教师在这一过程中也得到充分的专业发展。在课程开发的整个过程，师生自主对开发进行评估，确定是否达到预期课程目标，学习和计划是否成功。在高校，教师和学生是课程开发的主体，是学习者、研究者、行动者、知识创造者和课程管理者，理应充分发挥他们的主体性，

---

① 黄甫全. 现代课程与教学论：第三版 ［M］. 北京：人民教育出版社，2014：183 – 185.

② 汪耀楠. 国际标准汉字词典 ［M］. 北京：外语教学与研究出版社，2005.

③ 芮明杰. 管理学——现代的观点：第二版 ［M］. 上海：上海人民出版社，2005：15 – 16.

④ 李莉，肖建英，乔兴旺. 高职校内实训基地学生自主管理模式研究 ［J］. 中国职业技术教育，2018（2）：22 – 24.

形成师生共同体，自主管理好课程开发的全过程。

三、案例型预见式行动研究

预见式行动研究是"一种面向未来的行动研究新范式"，是深切关注现实与未来的"行动研究/行动学习"与走向实践的"未来研究"相融合而形成的新兴研究方法论，不仅是未来研究文化转向中方法论创新的结果，也是行动研究要关注未来的必然产物之一。蔡泽俊、左璜和黄甫全还介绍，已有的行动研究与传统研究方法一样，都立足于研究当前的现实。预见式行动研究与一般的行动研究的区别在于，它不仅立足于当前，更超越了时间的现实维度，勇敢地走向未来。预见式行动研究促进人们质疑并探询已有的未来蓝图，大胆预测、想象并提出可供选择的新的未来蓝图，进而在行动中去改进这一新蓝图。新的未来图景已创造，但质询始终持续。可以说，预见式行动研究是一个不断质询、创造、再质询的反思性过程。"预见式行动研究，也常被称为预见式行动学习。"① 开创者之一伊纳亚图拉（Inayatullah, S.）指出："预见式行动学习/研究是协作性的，是在参与式的认识论框架中发挥作用的。"② 另一开创者史蒂文森（Stevenson, T.）也指出："本质上，预见式行动学习是面向未来的行动研究。"③ 我们认为本质上行动学习与行动研究是同一的，预见性/式行动学习与预见性/式行动研究也是同一的。

对于案例（case），美国密歇根理工大学史奈尔（Snell, R. S.）教授界定为：案例是叙述一连串的文件，是实际发生情况的记录；我国华东师范大学郑金洲教授界定为："一个案例就是一个实际情景的描述，在这个情景中，包含一个或多个疑难问题，同时也可能包含解决这个问题的方法。"④ 本书的"案例"指的是对实际情景的描述，"案例型预见式行动研

① 蔡泽俊，左璜，黄甫全. 预见式行动研究：一种面向未来的行动研究新范式［J］. 电化教育研究，2012（2）：28.

② 引自 INAYATULLAH S. Anticipatory action learning：theory and practice［J］. Futures，2006，38（6）：657. 本句英文原文见摘要 "Anticipatory action learning/research is collaborative, and works within the epistemological framework of participation."

③ 引自 STEVENSON T. Anticipatory action learning：conversations about the future［J］. Futures，2002，34（5）：417. 本句英文原文见摘要 "Basically, anticipatory action learning is action research modified for foresight."

④ 陈争春. 案例教学法在中、高职医学伦理教学中的运用［D］. 武汉：华中师范大学，2004：5.

究"指的是：以开发"教育与课程文化哲学专题研究"课程为案例开展预见式行动研究。原因层次分析法是预见式行动研究颇具代表性的方法之一，不仅能深入客观原因层，还能深入一般的分析法难以触及的世界观层和无意识层，进行哲学反思和无意识解构，从而彻底消解不合理的思想观念和无意识的消极情绪等，重构长效对策，建构合理未来。①

四、"教育与课程文化哲学专题研究"课程

"教育与课程文化哲学专题研究"课程是 H 大学的博士生导师 Q 老师为自己带的博士生、硕士生，以及有志于学术研究的本科生开发的研究方法论训练课。该课程侧重于让学生从文化哲学（或其他）的视角选取某种研究方法去探究与之相匹配的教育与管理前沿专题。

教育研究方法论"是从哲学观、世界观的应用中概括出来的一般方法原则，是方法的理论表现形态"。②"从现代系统论的观点看，教育研究方法论应是一个由多种不同层次的方法构成的理论体系。"③ 有学者认为教育研究方法论体系的结构分为三个层次，主要有三种观点：①教育研究方法论体系中，处于最高层次的是作为指导思想的哲学世界观和思维方式，中间层次的是具有一般科学方法论意义的跨学科方法，最低层次的是教育科学的具体方法。②教育研究方法论体系的三层次从上到下依次为一般的普遍方法论、一般的科学方法论和教育科学具体研究方法。③教育研究方法论体系的最高层次是马克思主义基本原理，中间层次是一般科学方法，最低层次是教育研究的专门方法。④ 另有学者认为，教育研究方法论体系包括哲学研究方法论、一般科学研究方法论、社会科学研究方法论以及教育研究的具体方法和技术四个层次。⑤

教育研究方法论有科学性主导、人文性主导和社会性主导三种取向，教育学具有综合性，是人文、社会和科学的结合，是原理与操作的结合。当代的哲学形态是文化哲学，倡导整体主义。基于整体主义，教育研究要

---

① 蔡泽俊，左璜，黄甫全. 预见式行动研究：一种面向未来的行动研究新范式 [J]. 电化教育研究，2012（2）：26–31.

② 裴娣娜. 教育研究方法导论 [M]. 合肥：安徽教育出版社，1995：6–7.

③ 王坤庆. 现代教育哲学 [M]. 武汉：华中师范大学出版社，1996：91–93.

④ 侯怀银. 我国新时期教育研究方法论研究的回顾与展望 [J]. 教育研究，1994（4）：31.

⑤ 张新海. 关于教育研究方法论的几点探讨 [J]. 河南教育学院学报（哲学社会科学版），2000（2）：1.

挖掘人文取向、发展科学取向、加强社会取向，走向文化哲学整体主义取向。基于此，华南师范大学黄甫全教授建构了教育研究方法的整体主义研究方法论（文化研究方法论）新体系，本研究的"方法论"采用此体系（见图1-2）。

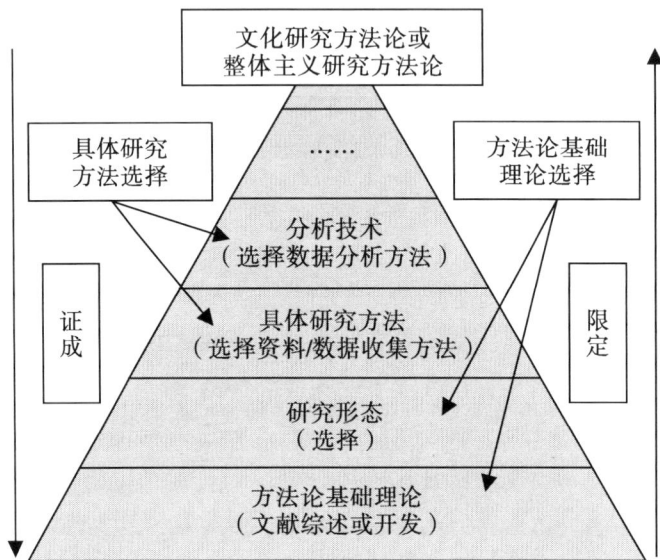

图1-2　整体主义教育研究方法论体系的结构模型

图1-2中"方法论基础理论"可以是哲学、心理学、社会学等的某种理论。"研究形态"是指历史发展过程中各个阶段所生成运行的状态，教育研究的研究形态包括文献综述研究、实证研究、质性研究和行动研究等。"具体研究方法"可以是某种研究形态使用的某种有效方法，最好是三种及以上的具体方法，以便完成"三角验证"，增加研究及其结构的可信度。"分析技术"必须与"选择资料/数据收集方法"相匹配。①

真正的研究方法论必然是个性化的，"教育与课程文化哲学专题研究"课程侧重训练学生从文化哲学的视角去研究前沿专题。该课程应用的文化哲学是当代哲学形态，是一种整体主义哲学，不是文化与哲学的简单组合，不是哲学的分支"研究文化的哲学"。因而，该课程在训练学生选用方法论时，并不限制学生只能选用文化哲学，而是倡导学生基于文化哲学

① 引自黄甫全教授在研究生课上的专题讲座课件"现代教育研究方法论体系概说"。

整体主义的理念，选择适合自己的方法论去研究与之匹配的专题，在研究中要整合多方面。而且，学生要体验和践行自己选用的方法论，把理论与自己的经验贯通，使之成为自己个性化的方法论。同理，"文化研究方法论"不是对文化进行研究的方法论，不是文化研究的方法论，而是"向文而化"的整体主义性质的研究方法论，也就是整体主义研究方法论。

整体主义思想有着深远的历史渊源，从古希腊哲学强调"整体与部分神秘一体"的朴素直觉整体论，发展到近代哲学强调"整体等于部分之和"的机械集合整体论，再到当代哲学强调"部分与整体彼此依存"的辩证有机整体。辩证有机整体论"突出研究系统的整体与部分、部分与部分，以及系统的内部与外部之间相互关系的辩证整体性"，采信整体主义的思维方式。这种思维方式要求人们辩证地理解人与世界、人与自然、人与自身的关系，以一种整体主义的视野来认知各种关系的有机整体性，整体地思考、把握和研究问题，反对脱离整体孤立地去考察认识对象。①

素养，指由训练和实践而获得的技巧或能力。《汉书·李寻传》云："马不伏历，不可以趋道；士不素养，不可以重国。"宋代陆游在《上殿札子》中曰："气不素养，临事惶遽。"《后汉书·刘表传》也云："越有所素养者，使人示之以利，必持众来。"

整体主义研究方法论素养，指的是通过训练和实践获得的整体地思考和研究问题的技巧或能力。该课程要提升学生的整体主义研究方法论素养，指的是：当学生要选用某种方法论去探究与之匹配的前沿主题时，可以从特定的方法论出发去寻找适切的研究对象，也可以从特定的研究对象出发去寻找适切的方法论，通过训练使学生具备整体性地分析问题的意识和技能，能综合性地考察事物的各个方面和要素，从整体出发，从局部间的相互联系和作用中去认识局部和把握整体，运用并体验整体主义（文化哲学）的思维方式和行为方式，践行学研内容，向文而化，实现做学问与做人统一、学习与生活同一。

---

① 王继创. 整体主义环境伦理思想研究［D］. 太原：山西大学，2012：23–64.

第四节　研究设计

本书绪论部分先提出研究假设：基于预见式行动研究自主管理课程开发是高校课程走出困境，满足创化需要的出路；第二章进行文献综述；第三章从理论层面论证基于预见式行动研究自主管理课程开发符合理据；第四章从案例层面验证基于预见式行动研究自主管理课程开发卓有成效；第五章阐释基于预见式行动研究自主管理课程开发的原理；最后的结语部分提出基于预见式行动研究自主管理课程开发这一创化模式的模型图与特点。

一、研究问题

本书以 H 大学 Q 老师开发的"教育与课程文化哲学专题研究"课程为案例，研究主题是课程开发，研究方法是预见式行动研究。本研究的基本问题是预见式行动研究是否适合师生自主管理课程开发。该问题具体包括以下三个子问题：

（1）基于预见式行动研究自主管理课程开发是否合理？

（2）以"教育与课程文化哲学专题研究"课程为例，如何基于预见式行动研究自主管理课程开发？自主管理课程开发是否有效？

（3）基于预见式行动研究自主管理课程开发的原理是怎样的？

三个子问题分别解决不同疑问。子问题"基于预见式行动研究自主管理课程开发是否合理？"解决为什么要基于预见式行动研究自主管理课程开发的疑问；子问题"以'教育与课程文化哲学专题研究'课程为例，如何基于预见式行动研究自主管理课程开发？自主管理课程开发是否有效？"解决怎么样基于预见式行动研究自主管理课程开发以及自主管理是否有效的疑问；子问题"基于预见式行动研究自主管理课程开发的原理是怎样的？"解决基于预见式行动研究自主管理课程开发是什么的疑问。

第三章、第四章和第五章分别对应回答以上三个子问题。第三章"理论洞察"：因为要顺应"哲学本体论转向过程""心理学转向对话""教育转向生活"和"课程转向学习"的趋势，所以我们选择预见式行动研究这一方法自主管理课程开发。在第四章"案例验证",我们以"教育与课程文化哲学专题研究"课程为例,通过两轮预见式行动研究回答"如何基于预见式行动研究自主管理课程开发",之后用引导性日志、问卷调查法、作品分析法进行三角验证,回答"基于预见式行动研究自主管理课程开发有效"。第五章"原理阐释",指出基于预见式行动研究自主管理课程开发是一种新的课程开发创化模式,并基于文化哲学分析创化模式的原理。

二、研究方法论的四个层次

本书的研究方法论采用"文化研究方法论",因为文化研究方法论(整体主义研究方法论)适合研究彰显整体性和文化性的教育问题。教育活动本质上是文化活动,涉及多方面、多层次,需要采用整体主义研究方法论。本书的研究方法"预见式行动研究"和"原因层次分析法"与"走向整体主义"的"当代行动研究"[①] 是一脉相承的,本质上都是整体主义的。因此,本书选用文化研究方法论,方法本体与对象特性很适宜,本研究方法论分以下四个层次。

(一) 方法论基础理论

文化哲学于 20 世纪初兴起,自文德尔班(Windelband,W.)1910 年提出到 20 世纪 80 年代,逐渐成为当代世界哲学关注的焦点。西方学者曾预言,随着时代的发展,未来的所有哲学都是文化哲学。在国内,20 世纪 80 年代中后期的"文化热"潮,90 年代的"人文精神"和"市场经济与文化建设"大讨论,都凸显出文化哲学的时代主题。[②] 文化哲学不是文化与哲学的简单组合,而是新的具有逻辑内在联系表达和反映时代精神的哲学形态。正如任何具有影响力的哲学的珍贵价值都表现为一定的方法论功能一样,文化哲学也具有方法论意蕴,能作为理论框架分析多种具体对象。[③] 本书以文化哲学为方法论基础理论。

---

① 黄甫全,左璜. 当代行动研究的自由转身:走向整体主义 [J]. 教育学报,2012,8(1):40.

② 朱人求. 近期国内文化哲学研究综述 [J]. 学术界,2001(3):260.

③ 曾文婕. 论文化哲学的方法论意蕴 [J]. 南京社会科学,2012(8):138–144.

（二）研究形态

本研究采用"预见式行动研究"的研究形态。任课教师、学生、研究者和其他课程开发主体协同运用预见式行动研究自主管理课程开发，旨在促进学生的学习。教师和研究者还要对学生的学习进行预见式行动研究，要分析学生当前的学习困难并预测其可能遭遇的困难，要及早采取措施引导学生对自己的学习困难进行原因层次分析从而解决困难。学生一方面作为课程开发的参与者，要对课程开发及学习进行预见式行动研究；另一方面作为学生要践行学研的内容进行预见式行动研究，开展预见式行动学习。行动学习是在行动实践中学习的有效学习方法，[①]"建立在反思与行动相互联系的基础之上，是一个计划、实施、总结、反思进而制订下一步行动计划的循环学习过程"。[②] 相应地，预见式行动学习是一个预见未来、计划学习、实施行动、总结评价、反思学习到再次预见未来的循环学习过程。

本研究中，学生开展预见式行动学习，就是要立足现在，反思过去，面向未来，在专题研究的"行动"中"学习"，在"学习"中"行动"。具体来说，就是要反思过去学习的经验和不足，根据现在的学习任务，结合自己的职业生涯规划，面向未来选取前沿专题，制订学研计划，[③]并根据实际情况修订，在文献综述、撰写专题论文和设计学位论文开题报告等的过程中，总结成功经验，用原因层次分析法反思不足，在师生学研共同体中交流，在共同体的互帮互助下，彻底解构不合理的习惯、陈旧观念或思维定式，以及无意识的畏难、焦虑、厌烦或抵触情绪等，调适好心态和情绪，建构新的合理的思想观念，从而创生出新知识，并落实到行动上，实现做学问与做人同一。由于学生们的科研基础、英语水平、学习时间、学科背景和选题内容等多方面有差异，学习进度不一，本研究不细分预见式行动学习的轮次，由学生根据自己的实际情况自我管理。作为一种有效的学习方法，学生的预见式行动学习是进行预见式行动研究的一个有机组成部分，很多时候预见式行动学习与预见式行动研究是融为一体的。

---

① 温海燕，潘杰义. 行动学习法简介［J］. 学位与研究生教育，2003（5）：40.

② 张攀峰. 高校教师教育技术培训模式的研究［D］. 保定：河北大学，2005：19.

③ 学研计划可以是多个方案供选择，或一个方案内包括可供选择的多元措施，学研目标应该是阶梯型弹性目标。

（三）具体研究方法

本研究选择的资料/数据收集方法除了文献调查法以外，主要还有引导性日志、问卷调查法、作品分析法和音像描述分析法。①

1. 引导性日志

引导性日志（guided journal）是从反思性日志（reflective journal）中发展而来的，是结构性反思日志，是针对某主题，通过引导性问题清单按照一定的结构性框架和问题指引，在规定时间内，指导人们完成反思性写作的一种日志形式。② 1989 年，海德伦德（Hedlund，D. E.）、福斯特（Furst，T. C.）和福尔利（Foley，K. T.）首次提出了引导性日志这一概念。③ 引导性日志一般含标题、前言（或说明）、引导性问题与结语等部分。设计引导性日志设计应遵循尊重性原则、目的性原则、全面性原则、及时回收与反馈原则。在编制引导性日志具体问题时，应注意：①问题清楚明确，不模棱两可。②不设计学习者不能回答的问题。③设计的问题和研究对象的实际工作情境结合起来。④问题最好用第一人称引导研究对象发问。⑤捕捉学习者感兴趣的主题方面的概念或感知变化来设计问题，经常改变设计的问题，让学习者不至因重复回答相同问题而厌烦。设计引导性日志要经过准备、初步设计、初步试用、修改使用、回收数据等步骤。④

本研究在选题设计、文献综述和专题论文等的分享点评阶段分别有相应的引导性日志提纲，其他阶段有"日常的引导性日志提纲"。这些引导性日志都分组上传到该课程的"课程学习交流平台"，便于师生分享。

2. 问卷调查法

调查问卷（questionaire）是一个自我报告式的收集资料的工具，通过这样的工具，每个研究对象均参与到研究中来。研究者使用问卷来收

---

① 阐述四种方法的资料主要引自华南师范大学课程讲义《校本研究方法实验课讲义汇总》。

② 杨凌雷，李晓华. 引导性日志的模式建构及其开发应用策略［J］. 青海师范大学学报（哲学社会科学版），2010，33（2）：138－142.

③ 王琴，孙国宽. 新兴教育研究方法——引导性日志的背景与结构分析［J］. 赤峰学院学报（汉文哲学社会科学版），2009，30（4）：167－168。

④ 杨凌雷，李晓华. 引导性日志的模式建构及其开发应用策略［J］. 青海师范大学学报（哲学社会科学版），2010，33（2）：138－142.

集所有研究对象的想法、感觉、态度、信念、价值观、认识、个性以及行为趋势等。问卷调查法既是一种单一的调查研究方法，也是多元研究方法（如实验研究、质的研究等）收集资料的方法。问卷调查法，是把事先编制好的问卷发给被调查者填写后收回，以获得所需要研究资料的调查方法。①

一般来说，按结构划分，问卷可分为：封闭式问卷（closed-ended questionaire）、开放式问卷（open-ended questionnaire）以及综合型问卷（synthetic questionaire）。本研究采用综合型问卷。综合型问卷包含封闭式的问题和开放式的问题。按形式划分，问卷主要包括量表式问卷、问答式问卷以及描述式问卷。本研究采用问答式问卷和描述式问卷。问答式问卷一般指采用选择题的形式对事先估计的答案类型进行概括表述的问卷。此类问卷主要针对处在不同水平或层次的答案，甚至包括无法事先预测的答案。描述式问卷一般指不提供具体的答案，由被调查者自由回答的问卷。

3. 作品分析法

早在 20 世纪 80 年代，作品分析法就已初露端倪，很多专家、学者运用它来研究学生的心理变化。如 1986 年，张渝新运用作品分析法研究学生干部的心理特点；朱智贤教授在他 1980 年出版的《儿童心理学》一书中，也谈到作品分析法，认为它是其他研究方法（观察法、访谈法等）的重要辅助方法之一。作品分析法通过对研究对象专门活动的作品进行分析，来了解研究对象心理活动的一种方法，在对作品进行定量和定性分析的基础上，揭示作品背后隐藏的研究对象的行为、态度和价值观。②

本研究收集学生的专题作业，包括选题设计、文献综述（有的写了文献综述设计）、专题论文（有的写了论文提纲）、课堂分享材料以及教师对作业的批阅等，分析学生如何在师生共同体的帮助下不断成长。

4. 音像描述分析法

从字面上理解，"音像"是录音和录像的合称。"描述"指形象地叙述、描写叙述。③"分析"是把一件事物、一种现象、一个概念分成较简单

---

① 温忠麟. 教育研究方法基础：第 2 版［M］. 北京：高等教育出版社，2009：83.

② 王琴. 作品分析法对提升小学生英语写作能力的准实验研究［J］. 中国校外教育，2011（19）：75–77.

③ 中国社会科学院语言研究所字典编辑室. 现代汉语词典：第 7 版［S］. 北京：商务印书馆，2016：1561，906.

的组成部分，找出这些部分的本质属性和彼此之间的关系（跟"综合"相对）。[①] 由此可以看出，音像描述分析法是研究者利用各种录音、录像等设备，就特定的研究主题进行录音或录像等，从而获得丰富的研究资料；并通过对研究资料进行描述和编码分析，从而得出相应结论的一种研究方法。[②]

本研究主要用音像定性分析法，用摄像机、照相机记录课堂的学习，并在电脑上安装"屏幕录像专家"软件以全面记录课堂学习的音像。从描述范围来看，音像定性分析可以是对课堂整体、教学个案、师生行为等不同范围的分析。从描述对象来看，音像定性分析主要集中描述所记录内容的情境。若是课堂中关于师生某种行为的描述分析，则可根据师生的行为描述和课堂中用来说明这些描述的片段概括出主题，根据主题给出范例。

5. 文献调查法

文献调查法是采用科学方法搜集文献资料、摘取有用信息、进行整理分析的调查方法。一般来说，文献必须具备三个基本的要素：一是一定的知识内容。没有记录任何知识内容的物体，如空白纸就不是文献。二是一定的物质载体。人们口头传递的故事、传说等就不是文献。三是一定的记录方式。某些文物、古迹虽蕴含一定的知识内容，也有一定的物质载体，却没有一定的记录方式，也不能称为文献。[③] 本研究收集国内外关于自主管理、课程开发、预见式行动研究的期刊论文、博硕士论文等，进行文献研究。

（四）分析技术

本研究以两轮预见式行动研究开发"教育与课程文化哲学专题研究"课程的实践为案例，在课程开发和共同体开展学研的过程中，通过原因层次分析法，去帮助解决课程开发的问题和学生的学习困难，以便更有效地促进共同体的发展。

1. *原因层次分析法*

本研究选择的分析数据的技术主要是原因层次分析法。原因层次分析

---

① 中国社会科学院语言研究所字典编辑室. 现代汉语词典：第 7 版［S］. 北京：商务印书馆，2016：383.

② 张一旦. 表现性评价应用于数学问题解决的行动研究［D］. 上海：华东师范大学，2018：22.

③ 水延凯，江立华. 社会调查教程：第六版［M］. 北京：中国人民大学出版社，2019.

法贯穿于预见式行动研究的整个过程中，较多用于预见未来/建构未来、行动实施和反思改进/反思预见等环节，常用来预测和分析学生将遭遇的学习困难和课程开发的不足。在原因层次分析困难或不足建构未来方案时，上述的引导性日志、问卷调查法、作品分析法和音像描述分析法四种方法可以整合起来使用，也可以根据实际情况选用一种或一种以上。以表1-1为例。

表1-1　原因层次分析法分析学生的学习困难

原因层次分析法的立体四层	研究方法/手段	研究工具	主要任务
现象/陈述层	作品分析法、音像描述分析法、引导性日志、问卷调查法	项目作业、课堂录像、引导性日志、学习需求调查、学生互评	了解学生当前的学习困难和不足，预测学生将会遇到的困难，提出要解决的问题
客观原因/制度/社会原因层	学生培养制度分析，教师日志，研究者反思，学生反思	培养方案、课程设置、学生培养文件	收集学生的建议，了解其需求，分析学习困难的客观成因
理性/话语/世界观/逻辑层	作品分析法、音像描述分析法、哲学反思	理想教育、课堂录像、引导性日志、学生互评	消解不良习惯、定式思维，重构合理的世界观，形成正确的思维方式和行为方式
感性/比喻/隐喻/情绪/无意识层	音像描述分析法、引导性日志、消解不良情绪	引导性日志、解构隐喻、共同体关爱	消解潜意识的不良情绪，调整好心态

如表1-1所示，在原因层次分析法的现象层，通过观察课堂录像，分析学生的作品和引导性日志，或进行问卷调查来详细描述学生正遭遇的困难，预测其可能会遭遇的困难，引起师生的高度重视。在客观原因层，主要分析H大学某系学生培养方案和相关课程方案，以及其他相关制度的不足，教师反思教学的不足，研究者反思预见式行动研究方案的不足，学生反思时间不足或学习投入不够等客观原因。这些可以通过"学习需求和建

议日常调查"等来收集信息。在理性层，主要引导学生用哲学反思来解构自己不合理的思想观念、不良习惯和思维定式的逻辑支点，并重构合理的支点。教师通过观察学生的课堂表现或分析引导性日志来分析学生人生观、世界观和价值观方面的不足，通过理想教育等，引导学生树立远大理想，实现做人和做学问一体化。在感性层，主要通过分析学生的引导性日志、学生的表情和姿态语等消解无意识的不良情绪，通过优秀学生的分享传递成功经验，鼓舞其他学生攻克学研难关，通过共同体的互助关爱来促进共同发展。

教师和研究者通过观察课堂录像，分析学生的作品和引导性日志等了解学生目前的困难，预测学生未来的困难，采取措施帮助学生解决困难；教师通过引导性日志反思并不断改进自己的教学。学生主要通过引导性日志，反思自己的不足，并应用原因层次分析法消解造成不足的思维定式、陈旧观念或焦虑、畏难情绪等。学生还要不断预见并计划自己未来的学习，设想预期的学研成果，及时总结和反思，根据实际学研进展不断调整自己的计划，以便更好地学习。

用原因层次分析法分析课程开发或其他的不足时，可以参考表1-1进行分析，首先运用作品分析法、音像描述分析法、引导性日志和问卷调查法尽量广泛地收集资料，在现象层分析现在面临的危机或不足，预测未来可能会产生的问题；在客观原因层，主要运用问卷调查法分析制度或客观方面的成因；在理性层，师生主要运用引导性日志进行哲学反思，教师和研究者主要运用作品分析法了解学生的世界观、价值观和人生观，重构合理的逻辑支点；在感性层，主要运用音像描述分析法挖掘学生的无意识，运用作品分析法和引导性日志解构学生的不良情绪和心态等，整合多个层面的对策重构出多元未来方案，在预见式行动研究中优选方案并不断改进，从而建构最佳未来。

2. 两轮预见式行动研究的过程设计

行动研究是一个迭代进行、反复改进的过程，有多种模式，尽管各种模式存在差异，但都包括计划、行动、观察、反思和再次行动等基本环节。预见式行动研究首先要通过对不足和问题进行原因层次分析来预见或建构未来，相应地包括预见未来（建构未来）、研究规划、行动实施、观察评价、反思改进（反思预见）和再次建构未来等基本环节（见图1-3）。

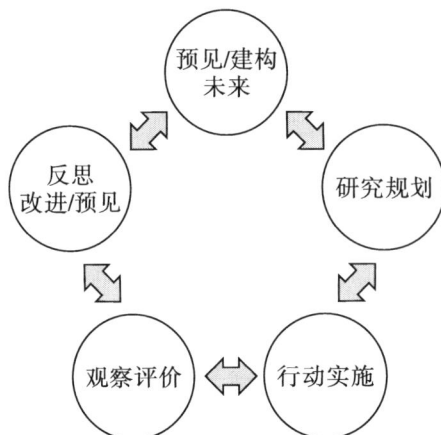

图 1-3　预见式行动研究的基本环节

本研究以开发"教育与课程文化哲学专题研究"课程为例，在具体开发该课程的过程中，我们进行两轮预见式行动研究，2013 年 8 月至 2014 年 1 月开展第一轮预见式行动研究，2014 年 2 月至 2015 年 6 月开展第二轮预见式行动研究。期间，除了笔者之外，有 7 位学生参与学习。考虑到学生的英文单词是 Student，本研究选首字母"S"代表"学生"，7 位学生随机以代号 S1 至 S7 称之，当时作为学生的笔者为 S8。

第二章　文献综述

本研究涉及的核心术语较多，各术语的内涵非常丰富，需要通过文献综述来系统梳理，为下一步的研究奠定基础。本部分综述"自主管理""课程开发""预见式行动研究"及其方法"原因层次分析法"和"对话未来法（conversations about the future）"等。

第一节　自主管理

自主管理的相关研究围绕自主管理的理论研究、自主管理的应用研究两条主线展开，下面分别从这两个方面来进行综述。

一、自主管理的理论研究

下面主要从自主管理的含义、构成要素和理论依据三个方面来综述已有的相关研究。

（一）自主管理的含义

自主是个体通过意识与能力表现出的认识和支配自己与认识和支配外界环境的主体状态，了解、理解、探索、获得、控制、改变都属于自主参与下的个体意识和行为活动。意识和能力是自主的内部载体，言语行为是自主的外部特征。这也就是说，自主是个体能够自觉地参与到各项活动之中，身体、思想等享有充分的自由，有自己的主见。①

《国际标准汉字词典》中"管理"的含义包括：①负责；主持。②保

---

① 李新华．新课程改革下高中生自主管理研究［D］．南宁：广西师范学院，2011.

管；料理。③照管并约束。① 《新编现代汉语词典》对"管理"的定义包括：① 负责某项工作使顺利进行；保管料理。② 照管并约束。② 黄恒学和谢罡主编的《管理哲学》一书指出，管理就是组织对组织的资源进行有效配置和利用，以适应内外部环境变化，最终达成组织既定目标的动态创造性过程。③ 美国管理学家哈罗德·空茨（Harold Kurtz）指出，管理是设计与保持一种良好的环境，使人在群体中高效率地完成既定目标。④ 王建琴指出，管理是指人们在认识客观对象的基础上，通过合理的组织，使客观对象的潜能得以发挥，原有的功能得到"放大"，从而实现预定目标的活动过程。管理还指在组织中，有关人员对各种资源进行适当地领导、组织与安排，以完成预定的目标和任务。⑤

"自主管理"最初是以"工人参与劳动管理"的主张提出来的，在 20 世纪 20 年代逐步推行，认为自主管理是引导工人把个人目标与企业目标、个人意志与企业意志相融合，达到自己管理自己，自觉为企业做贡献，以实现自我的价值。⑥ 现代管理大师彼得·德鲁克（Peter Drucker）在其 1999 年出版的《21 世纪的管理挑战》一书中强调企业应重视工人的自主管理，学会如何应对未来的变化，有效经营和管理自我，懂得将自我放在最能够有所贡献的地方，学会发挥自己的长处，为组织做出贡献。德鲁克同时还指出，未来社会对各种非企业性的社会组织来说，在管理上的挑战可能会更大。德鲁克提出了"自主管理"概念，认为自主管理就是自己定义"任务是什么"，并对自己的任务负责。自主管理是一种控制自己行为的能力，是一个人个性的表现。他把自主管理分为三步：第一步是自我观察，即仔细观察自己，密切注意自己的行为。第二步是判断，即用一个标准来比较自己所看到的事情。第三步是自我反馈，即如果做得好，就给自己一个奖赏反应；若做得还不够，就给自己敲响警钟。戴维·帕卡德（David Packard）在其所著的《攀登金字塔的人们》一书中，用 95% 的篇幅，深入探究美国的企业经营管理人员所面临的问题。在对工人的管理方面，重视工人参与管理，重视调动工人的积极性，发挥工人的个性与特

① 汪耀楠. 国际标准汉字词典 [M]. 北京：外语教学与研究出版社，2005.
② 任超奇. 新编现代汉语词典 [M]. 武汉：崇文书局，2006.
③ 黄恒学，谢罡. 管理哲学 [M]. 北京：中国经济出版社，2014.
④ 王建琴. 新课程背景下的高中班级自主管理问题研究 [D]. 延吉：延边大学，2010.
⑤ 王建琴. 新课程背景下的高中班级自主管理问题研究 [D]. 延吉：延边大学，2010.
⑥ 李新华. 新课程改革下高中生自主管理研究 [D]. 南宁：广西师范学院，2011.

长，有利于提高生产效率。① 自主管理是指在组织中，个体或者由多元个体组成的一个群体以自我为对象，对自己的知、情、意、行进行控制，以完成预定的目标与任务，从而促使自身发展和完善。②

（二）自主管理的构成要素

李新华对自主管理的构成要素进行了比较充分的研究，他认为自主管理的构成要素包括自主管理意识、自主管理能力、自主管理目标、自主管理方法和自主管理模式。具体来说为：①"自主管理意识"是学生在教师有意识的培养与引领下，自觉应用科学管理思想与原理去认识、分析并解决问题，在长期的管理过程中形成的一种特殊的智慧、欲望及冲动。自主管理意识是学生独立追求自主的思想，是分析管理和控制自身及外界事物的自我愿望和要求。②"自主管理能力"是指个体能意识到自己的能力与资源，并有效、充分利用自己的能力与资源。自主管理能力是成熟的主体面对多种社会需求和社会诱惑时，能够坚持既定方向，不断完善人生追求精神的反映，是素质教育在个人能力开发上最重要的目标。自主管理意识是学生人格的核心因素，而自主管理能力是自主管理意识发展良好的典型表现。③"自主管理目标"是提升个体自理、自治及独立生活的能力，实现个体愉快学习、健康发展，以及德智体美劳全面、和谐、可持续发展。④"自主管理方法"是为实现管理目的而采用的手段、方式以及途径。达到目标有多种方法，如角色互换法、情境体验法、组织变革法等，运用殊途同归的原理，灵活处理遇到的各种问题，使学生有较大的活动发展空间，主动适应迅速变化的现实社会。⑤"自主管理模式"指以管理人性的假设为基础，基于以人为本的理念，设计出一整套具体的管理理念、管理内容、管理工具、管理程序、管理制度以及管理方法论体系，并将其反复运用在管理运行过程中。自主管理模式的特点主要包括：以学生为本，以促进学生健康、和谐、可持续发展为目标等。③

罗珍资基于美国社会学家奥蒂斯·达德利·邓肯（Otis Dudley Duncan）提出的社会生态系统"生态联合体"理论（该理论指出生态系统的组成要素包括人口、组织、环境、技术四部分，简称为 DOET），将大学生

---

① 李新华. 新课程改革下高中生自主管理研究 [D]. 南宁：广西师范学院，2011.
② 王建琴. 新课程背景下的高中班级自主管理问题研究 [D]. 延吉：延边大学，2010.
③ 李新华. 新课程改革下高中生自主管理研究 [D]. 南宁：广西师范学院，2011.

自主管理系统的组成要素分成大学生自主管理中的人、组织、环境和技术四个部分。①D—学生与教师。这是自主管理中人的方面，是系统中最为活跃的因素。②O—学生组织。这是自主管理中的组织因素，学生组织一般包含两方面的含义：一是构成的主体必须是学生；二是组织的目标、功能、任务等必须是为学生的发展服务。③ E—自主管理的环境。生态环境是指有机体生存空间内对主体发挥影响作用的各类生态因子的总和。④ T—自主管理的技术。主要指实现自主管理所采取的途径、方法、技术支持等。主要包括两个方面：一是指如何与外部环境进行沟通交流的技术；二是如何开展自主管理活动的技术。①

陈小玲、何大义和于光认为，自主管理模式要素包括：①理念自塑是前提。要改变依赖他人或外力的观念，相信自己能管好自己。②常识回归是关键。要落实人的责任，赋予每个人自主权。③职能转变是动力。管理者与被管理者的关系由"指令性"转向"引导和参与"。④制度约束是保障。要建立健全各项管理制度。⑤团队文化是促进。要营造良好的团队文化，使团队成员从内心产生"我要干好"的愿望。②

（三）自主管理的理论依据

自主管理的理论依据主要有主体教育理论、人本管理理论、促进发展理论和马斯洛的需要层次理论等。下面分别进行阐述。

1. 主体教育理论

主体教育理论是 20 世纪 80 年代以来声势最为浩大的教育启蒙理论。主体教育真正道出了教育的真谛。苏霍姆林斯基说过，真正的教育是"自我教育"。教育的最终目的是学生的发展，是学生自我教育目标的实现，也就是学生主体意识的觉醒。③ 宋剑综合了学者们的观点，指出，关于教育的主体性，学界概括为教育活动中人的主体性、教育活动自身的主体性、教育系统在社会结构中的主体性三个方面。教育活动中人的主体性可分为教育者、受教育者的主体性和决策者的主体性。教育活动的主体性体现为：教育活动中的人所具有主体性影响着教育活动自身的特征、性质和

---

① 罗珍资. 基于生态学的大学生自主管理研究［D］. 南宁：广西师范学院，2010.

② 陈小玲，何大义，于光. 构建员工自主管理模式——以新汶矿业翟镇煤矿为例［J］. 企业管理，2016（1）：89 – 91.

③ 王建琴. 新课程背景下的高中班级自主管理问题研究［D］. 延吉：延边大学，2010.

规律；教育有超越性和相对独立性。教育系统在社会结构中的主体性指教育管理有主体性。① 把学生当成主体，注重提高学生的主体性，现已成为教育理论和实践工作者的共识，是中国教育理论研究中的重大进展，具有重大的历史意义。② 因此，我们要牢固树立学生主体思想。只有考虑受教育者的权利，考虑他们的情感需求，教育者的高尚动机才会"内化"到学生心中，才会获得成效。所以，要把学生放在自主管理、自我教育的前沿经受锻炼、考验，让学生重新做回自己，做研究的主人。③

2. 人本管理理论

人本管理理论起源于 20 世纪 30 年代的欧洲，在 60 年代被国外企业广泛地应用。随着经济全球化的深入发展，也运用到中国的管理实践中。"人本管理理论"是指以人为本的管理模式，是一系列以人为中心的管理理论和管理实践活动的总称。④ 20 世纪科学化的理性主义和人文化的非理性主义相融合的管理学理论特别注重人文关怀，尊重个体自主选择，把人的愿望、情感、需要与一些理性的规章制度等有机地结合起来，利用人的主观能动性来培养和提高人的能力。⑤ 应用人本管理的理念，被管理者的主观能动性得到了充分尊重，是人性的解放。应该营造人本管理的文化氛围、树立管理即服务的意识、树立以学生为中心的观念、增强教师的管理作用，改革高校的课程与教学管理。⑥ 师生是课程资源的学习者，在课程开发的过程中，应该以师生为本，充分发挥师生的积极主动性，满足师生的学习需求，如此这样开发出来的课程才能真正适合师生自身的学习需求。

3. 促进发展理论

维果茨基（Lev Semenovich Vygotsky）、皮亚杰（Jean Piaget）等促进发展理论的倡导者认为，社会性与认知发展是经过同伴相互作用得以促进的。维果茨基认为，所有高级心理机能在人的发展中两次登台。第一次是

---

① 宋剑．我国主体教育理论发展的历史进路［J］．教育研究与实验，2011（1）：30－34.

② 冯建军．主体教育理论：从主体性到主体间性［J］．华中师范大学学报（人文社会科学版），2006（1）：115－121.

③ 王建琴．新课程背景下的高中班级自主管理问题研究［D］．延吉：延边大学，2010.

④ 张俊．基于人本管理理论的高职院校兼职教师队伍建设困境与对策［J］．教育与职业，2019（10）：68－72.

⑤ 王建琴．新课程背景下的高中班级自主管理问题研究［D］．延吉：延边大学，2010.

⑥ 刘立龙．人本管理理念下的高校教学管理改革［J］．教育与职业，2014（26）：29－30.

作为集体活动、社会活动，即作为心理间的机能。第二次是作为个体活动，即作为内部心理机能。作为集体和个体活动相结合的学生自主管理，通过学生内部的争论、协商等方式，达成某个问题的共同解决对策，是学生心理发展的社会关系渊源。① 师生在课程教学中自主管理，更容易找到自己的最近发展区，在教师引领和同伴互动中更容易达成解决问题的共识，更利于找到自身最需要的最近发展区的课程资源。

4. 马斯洛的需要层次理论

美国社会心理学家亚伯拉罕·哈罗德·马斯洛（Abraham Harold Maslow）于 1954 年出版了巨著《动机与人格》（*Motivation and Personality*），提出了需要层次理论，把人的需求从低到高分成五种，按层次逐级递升，分别是：生理需要，安全需要，爱和归属的需要，尊重的需要，自我实现的需要。高校的师生满足了较低层次的生理需要、安全需要等，特别需要满足尊重的需要和自我实现的需要。师生自主管理课程开发，能够在自主管理的过程中更好地满足尊重的需要和自我实现的需要。师生运用马斯洛的需要层次理论，根据学生的不同需求来开发课程，能使课程更具有针对性，能使课程更加符合不同阶段学生的需求，满足师生不同阶段的需求。

二、自主管理的应用研究

关于自主管理的研究，除了主要涉及学生自主管理之外，还涉及网络自主管理、图书馆自主管理、企业自主管理、安全自主管理、社会自主管理、水资源自主管理等方面。

（一）学生自主管理的研究

国外关于学生自主管理的研究主要可以分成古代、近现代两个阶段来看。①古代关于学生自主管理的研究：古希腊哲学家苏格拉底提出"助产术"，主张学生在学习过程中，在教师的引导下，学生自主探讨问题答案，得出教师认为是正确的答案。文艺复兴时期，意大利教育家维多利诺（Vittorino da Feltre）把他创建的孟都亚宫廷学校称为"快乐之家"，反对教育压制儿童个性发展，提倡自由教育，主张学生自治。这一时期的教育

---

① 王建琴. 新课程背景下的高中班级自主管理问题研究［D］. 延吉：延边大学，2010.

家把学生发展作为最高目标。捷克教育家夸美纽斯（Johann Amos Comenius）强调教育要依据人的自然本性，在儿童发展过程中，反对强制性教育观念，重视启发儿童的学习愿望和主动性。并对学生自主管理思想有所探讨，强调教育要适应人的自然本性，尤其是在教学方法上，强调学生自主学习，但这些思想没有形成系统，只是渗透在其著作中。② 近现代关于学生自主管理的研究：18 世纪，卢梭（Jean – Jacques Rousseau）倡导教育的核心是"归于自然"，遵循儿童的天性，反对教师强制灌输，认为教育之目的是培养独立自主，追求平等、自由，能自由成长的"自然人"。第斯多惠在儿童管理方面，继承卢梭关于发展儿童自然本性的思想观点，强调学生在教学过程中居于主体地位，倡导学生主动探索和发现知识。19 世纪，德国福禄培尔（Friedrich Wilhelm August Fröbel）重视与强调学生通过活动进行学习从而获取知识，提升能力。俄国的乌申斯基强调教学过程中既有教师的活动，也有学生的活动，两者是平等的关系，学生在教师引导下，自觉地完成某种活动，获得知识。19 世纪末 20 世纪初，西方教育史上出现了"新教育运动"，在教育管理界，教育家们反对传统的管理模式，主张学生在学校管理中居于主体地位，要学会自主管理。美国教育家杜威（John Dewey）在《民本主义与教育》一书中，进一步阐述了"自主管理"，提出了著名的"儿童中心主义"教育原则。倡导学生在活动中进行学习，主动探索与发现知识，提升自主学习能力，开展自主教育，从而达到培养自主管理能力之目的。苏霍姆林斯基特别重视自我教育与自我管理，他在著作中指出，能促进自我教育的教育才是真正的教育。①

中国知网上 2010 年以来载于全国中文核心期刊和 CSSCI 来源期刊关于学生自主管理的研究可分为学校层面的自主管理、课程教学层面的自主管理、班级层面的自主管理、个体层面的自主管理四个层面。

1. 学校层面的自主管理

郭昕、田辉玉和白婧静基于武汉工程大学的学生自主管理研究指出，通过培养学生自主管理的意识和能力，推动学生积极参与到班级和学校管理中去，对增强高校学生管理工作的实效，增强高校办学竞争力有重大意义。② 黄明东、蒋立杰和黄俊针对学生参加学校管理在高校没有得到应有

---

① 李新华. 新课程改革下高中生自主管理研究［D］. 南宁：广西师范学院，2011.

② 郭昕，田辉玉，白婧静. 自主管理视域下的高校学生管理创新——基于武汉工程大学学生自主管理的研究［J］. 教育研究与实验，2011（6）：61 - 64.

重视等困境，提出构建"高校学生自主管理学校理论"。^① 李莹和徐原从大学生角度、管理者角度、自主管理平台、建立长效机制、构建法治环境等方面提出构建学生自主管理模式的措施。^② 方文彬指出，新的时代背景下，独立学院大学生自主管理面临很多问题和困惑，学生管理工作者应更新观念，及时转变管理职能，增强学生的自主意识，创建学生自主管理的新平台，维护学生的合法利益。^③ 郝庆福介绍了山东省栖霞市第一中学实施的"学生自主管理"模式，让学生学会学习、学会做人、学会发展，使学生真正成为学习的主人翁、励志的践行者、行为的自律者，能力与素质协调发展，全面发展。该中学注重学生综合能力培养与人文素养教育，教育效果良好。^④ 重庆市合川区育才学校实施"小先生"寄宿制管理模式，以陶行知教育思想为统领，坚持生活自理、学习自主、身心自强、活动自乐、安全自觉的"五自"理念，设立生活、学习、健康、活动、安全小先生，协助老师管理寄宿生。^⑤

2. 课程教学层面的自主管理

开放型项目教学模式是针对当前教育改革需要与高质量培育应用型人才而提出的新型教学模式。它是在建构主义学习理论下，把专业实验室兼作开放型项目教学实践基地。为开放型项目的教学提供了新的环境，由学生自主管理，提升了教学资源利用率，增强了学生的自主管理能力。^⑥ 课堂是课程改革的主阵地，在课程改革中起着很重要的作用。王霜和熊鹰以重庆市沙坪坝区"学本课堂"教学改革的小组自主管理文化建设为例，提出应由浅层的课堂结构转向深层的课堂教学关系与意义的转变，创建小组自主管理文化。^⑦ 尹敏敏指出，在思想政治教学中，教师应循序渐进地对学生实施目标自主管理以渗透教育。通过体验目标管理、自主寻找学习目

① 黄明东，蒋立杰，黄俊. 高校学生自主管理学校理论之构建 [J]. 教育研究与实验，2013（1）：67-72.

② 李莹，徐原. 高校学生自主管理中的主体发展 [J]. 中国成人教育，2016（23）：50-52.

③ 方文彬. 独立学院大学生自主管理现状与对策 [J]. 教育与职业，2010（12）：35-36.

④ 郝庆福. 学生自主管理模式探究 [J]. 中国教育学刊，2010（S2）：14-15+33.

⑤ 李俐均，李光华，沈小燕. 行"小先生"自主管理模式 知乡村校寄宿教育本真——以重庆市合川区育才学校寄宿制管理探索为例 [J]. 中小学管理，2016（11）：12-14.

⑥ 岑岗，余建伟. 构建学生自主管理的开放型项目教学新环境 [J]. 实验室研究与探索，2011，30（2）：158-160.

⑦ 王霜，熊鹰. 学本课堂视域下的小组自主管理文化建设 [J]. 中学政治教学参考，2016（31）：42-43.

标、实现既定目标、分享和完善目标，进而自觉制定并管理目标，促使学生独立自主地对学习目标和人生目标进行规划、管理和践行。[①] 关于实践教学中的自主管理，李莉、肖建英和乔兴旺认为，在高职校内实训基地管理中注重学生自主管理，提升了实训基地的管理水平与效能。[②] 韩佳平和岑岗提出了由学生自主管理开放型实践基地，使传统型实践基地顺应信息化时代管理的思想。通过三位一体的方式，提高了学生的科技实践能力。[③] 肖建英探索了"开放式"学生自主管理和学习模式，以开放式管理为基础，以搭建实训信息平台为前提，以实现学生自主管理和学习为宗旨。[④] 胡敏指出，高职院校学生需要持续强化职业行为以提升就业能力与职业能力。学生自主管理工学实训组织是培养高职学生的良好平台。可以培育校内外学生自主实训基地，组建项目作业团队，以各种形式的任务为牵手，开展多种类型的职业实训与实践。[⑤] 柴钰指出，为了加强大学生实践能力与创新精神的培养，科技课外活动是实践教学的有效途径，大学生自主管理开放实验室是该途径的实现平台。西安科技大学结合全国大学生电子设计竞赛，配合大学生课外科技活动的实施，构建了以电工电子实验教学中心为依托，科技创实验室为平台，创新实验班为主体的电工电子类专业学生的课外科技活动体系。[⑥] 田裕康和罗维平介绍了武汉纺织大学电信学院创新实验室的组织运行方式，通过采用自主管理与自主学习方式，以培养大学生创新精神与实践能力为目标，分析了创新实验室的管理机制。[⑦]

3. 班级层面的自主管理

朱学尧指出，班级自主管理在实现新课程改革理念与要求方面的作用日益明显，学生的自主学习能力、自主管理能力和自主发展能力等都可在

---

① 尹敏敏．思想政治渗透目标自主管理的探索［J］．中学政治教学参考，2015（18）：33 – 35．

② 李莉，肖建英，乔兴旺．高职校内实训基地学生自主管理模式研究［J］．中国职业技术教育，2018（2）：22 – 24．

③ 韩佳平，岑岗．开放型实践教学基地的学生自主管理研究与探索［J］．实验室研究与探索，2014，33（4）：215 – 218．

④ 肖建英．高职校内实训基地"开放式"学生自主管理与学习模式探析［J］．教育与职业，2017（20）：109 – 112．

⑤ 胡敏．高职院校学生自主管理工学实训组织建设的思考与实践［J］．教育与职业，2013（3）：164 – 166．

⑥ 柴钰．大学生自主管理的开放创新实验室模式［J］．实验室研究与探索，2012，31（1）：82 – 85．

⑦ 田裕康，罗维平．创新实验室自主管理和自主学习模式探析［J］．实验技术与管理，2012，29（2）：30 – 32．

班级自主管理中得到最大程度的实现。① 常建茹提出在班级管理中建立班级奋斗目标、管理细则、班长全面负责制度、班长轮流值日制度，培养学生自我管理班级的意识与能力。② 李祖丰指出，在班级管理中注重学生自主管理是贯彻新课程重视以人为本理念的重要途径。班级自主管理就是学生自我管理。③ 张维和秦丽平指出，当学生的自主管理仅停留在参与层面，教师忽视学生作为生命体的需要时，在这种教育氛围下成长起来的学生常具有盲从性。④ 刘伟和张旭指出，班级自主管理是提升学生自主管理能力的重要手段。当前高中班级自主管理面临学生自我管理能力低下、学生对班级自主管理重视不够、学生参与班级自主管理程度较低、教师班级管理观念陈旧等困境。解决对策有：家长尽可能创设利于学生自主能力提升的环境；教师要改变班级管理陋习；学校需创设良好环境。⑤ 太原市迎泽区桃园南路小学构建了"1234"班级自主管理模式，关注行为习惯的养成、班干部的培养、班级管理模式的构建，为实现学生自主管理奠定了基础。⑥ 自主管理是学生自我教育的重要方式，在强调学生自主的同时，应该讲究科学与纪律，要建立自主管理的运行机制。⑦

4. 个体层面的自主管理

生命教育的本质是让学生学会自我生存与发展，构建学生独立发展的自主管理模式是开展生命教育的重要形式。学校要站在学生个体生命独立发展的角度，让学生自主管理。⑧ 刘康声指出，情绪是可以调动和控制的，介绍了对高职院校大学生情绪自主管理状况进行的调查。⑨ 肖志成和蒋湘祁介绍了对 249 个成教学生闲暇时间自主管理情况的调查结果，发现：成教学生闲暇时间的自主管理状况总体较差；在闲暇时间自主管理中的时间

---

① 朱学尧. 高中班级自主管理存在的问题及改进策略［J］. 学校党建与思想教育，2013，(5)：58－59.

② 常建茹. 小学班级自主管理体系的建设［J］. 教学与管理，2019（11）：15－17.

③ 李祖丰. 中学班级自主管理略探［J］. 学校党建与思想教育，2011（15）：81－82.

④ 张维，秦丽平. 试析学生自主管理模式的构建［J］. 教学与管理，2011（12）：43－44.

⑤ 刘伟，张旭. 高中生班级自主管理能力培养研究［J］. 教育科学，2011，27（1）：72－76.

⑥ 朱春英，史小红. 小学班级自主管理模式的构建及实践研究——以太原市迎泽区桃园南路小学为例［J］. 教育理论与实践，2015，35（8）：24－26.

⑦ 陆正军. 班级自主管理的机制保障［J］. 教学与管理，2013（34）：31－33.

⑧ 张俊湘. 基于生命教育的学生自主管理初探［J］. 中国教育学刊，2012（S2）：246－248.

⑨ 刘康声. 高职院校大学生情绪自主管理状况调查［J］. 教育与职业，2014（1）：40－41.

分配、计划性、主动性与满意度上存在显著年级差异；在闲暇时间自主管理中满意度、时间分配上存在显著性别差异。[①]

（二）自主管理应用于其他方面的研究

关于网络自主管理研究，王彤提出基于信用度的网络自主管理策略。较以往的说教式管理，基于信用度的网络自主管理策略既激发了大众主动参与网络活动的积极性，也降低了其对网络管理者的抵触心理。用户间相互监督举报机制节省了管理成本。[②] 她还探索了网络实名制下的用户认证机制这一核心问题，提出了基于网络信息监督员机制的自主管理策略，以便解决被长期困扰的网络信息判读问题。该机制以用户信用度为基础，不需要额外投入，还体现了发动广大网众参与网络治理的平等性和公平性。[③] 芮兰兰等提出了面向移动自组织网络的自主管理架构，并定义了自主管理服务，验证了自主管理架构与服务具有可行性。[④] 周文泓、向宇和文传玲从网络平台视角提出了网络空间有序化策略。[⑤]

关于图书馆自主管理，曹雪梅从读者主体地位的认识出发，探索读者主导性在图书馆的趋向，从主导式服务、管理、活动、采购、评估五方面分析图书馆实施各类读者自主管理与互动发展的实践，提出应让读者和图书馆之间良好互动、共同促进。[⑥] 宋佳佳、李艳芬和刘兴盼针对高校图书馆人员紧张的现状，提出勤工助学学生自主管理创新模式。该模式通过建立工作量分配模型，使包架工作量分配更公平，使图书馆的业务管理与读者服务走向新的发展阶段。[⑦] 石立民和陈灏指出，信息技术的发展使图书馆面临生存危机等挑战。基于上海海事大学图书馆的实践，他们分析了高校图书馆建立学生全面自主管理模式的必要性，提出了建立与激励自主管

①　肖志成，蒋湘祁. 成教学生闲暇时间自主管理现状与对策研究［J］. 中国成人教育，2011（18）：31 – 33.

②　王彤. 基于信用度的互联网自主管理策略研究［J］. 编辑之友，2014（9）：63 – 66.

③　王彤. 网络实名制下的自主管理策略［J］. 当代传播，2013（1）：48 – 50.

④　芮兰兰，邱雪松，李文璟，等. 面向移动自组织网络的自主管理架构及应用［J］. 北京邮电大学学报，2011，34（S1）：63 – 67 + 72.

⑤　周文泓，向宇，文传玲. 商业性网络平台内容信息的用户自主管理功能研究［J］. 图书馆学研究，2019（4）：61 – 72.

⑥　曹雪梅. 自主管理、互动发展——图书馆打造读者主导型互动文化平台的实践探索［J］. 图书馆理论与实践，2014（4）：83 – 84.

⑦　宋佳佳，李艳芬，刘兴盼. 高校图书馆勤工助学学生自主管理模式创新研究——以北京工商大学图书馆为例［J］. 图书情报工作，2012，56（17）：104 – 108.

理模式的原则及经验。①

关于企业自主管理，乐国林等提炼出了海尔、华为两家企业以"实践感知—命题归纳—检验升级—理论架构"为主范畴结构之"螺旋式实践嵌入"自主管理研究的机理。② 人力资源作为企业最能动的要素，富有创新的能力与智力资本，是企业提质增效发展的关键因素。国内各企业纷纷推动发展方式，但管理成本高、工作效率低、员工活力不足等问题仍然困扰着企业管理者。向巧提出建设基于问题导向的企业员工自主管理长效机制。③ 关于客户经理自主管理，高果邦指出，客户经理自主管理机制将成为经营管理的主要方式，自主管理委员会模式能改变客户经理。④ 韩震、和跃指出，更好地开发与管理人力资源是企业提升综合竞争力的关键。现行劳动法律体系对企业人力资源管理提出了挑战，劳动法规和自助管理具有辩证关系。⑤

关于安全自主管理，许景存提出，坚持把以人为本的科学发展观落实到安全工作中，实施安全自主管理模式，在工作中突出员工自身价值，引导员工养成安全生产的良好习惯，增强员工进行自主管理的内动力。⑥ 刘威提出构建安全伙伴星级管理模式，实现员工自主管理，让每个员工不仅是管理的对象，还是管理的主体。⑦ 张昊民、杨涛和马君在论文中，以 48 个自我管理团队的 478 名员工为研究对象，探索了协和控制下成就目标导向对员工创造力的跨层次影响。研究结果表明，自我管理团队的低协和控制，是一个凝聚价值共识的良性阶段，高协和控制是一个不仅有合作还有道德绑架的矛盾阶段。此为管理中完善自我团队打下了理论基础。⑧

---

① 石立民，陈灏. 高校图书馆学生全面自主管理模式的创新——以上海海事大学图书馆为例 [J]. 图书情报工作，2016，60（S1）：15 – 18.

② 乐国林，张新颖，高艳，等. 领先企业自主管理研究的内在机理——基于海尔、华为实践素材的扎根分析 [J]. 管理学报，2019，16（7）：968 – 976.

③ 向巧. 基于问题导向的企业员工自主管理长效机制建设 [J]. 中国人力资源开发，2015（20）：53 – 59.

④ 高果邦. 构建商业银行客户经理自主管理机制 [J]. 农村金融研究，2017（10）：79.

⑤ 韩震，和跃. 企业人力资源的自主管理与法治规制 [J]. 学术界，2013（S1）：16 – 18.

⑥ 许景存. 实施安全自主管理促进企业安全发展 [J]. 煤炭技术，2013，32（11）：326 – 328.

⑦ 刘威. 员工有效自主管理安全伙伴星级管理模式探析 [J]. 煤矿安全，2018，49（8）：307 – 309.

⑧ 张昊民，杨涛，马君. 自主管理团队的协和控制、成就目标导向对成员创造力的跨层次影响 [J]. 科学学与科学技术管理，2015，36（8）：170 – 180.

关于社会自主管理，彭善民指出，根据发达国家的发展经验，只有大量组织参加到公共服务与社会管理中，才能有效弥补公共服务与社会管理的政府"缺位"与"市场失灵"，推进传统政府向现代公共服务型政府转变。[①]关于水资源自主管理，王娟丽和马永喜指出，农民自主水资源管理能弥补政府对水资源管理的失灵与低效。研究发现，要提高公共水资源的利用效率与管理效率，要吸引并且鼓励农民参与自主管理，还基于当地情况鼓励多种管理模式的产生，同时要合理施行水费征收与经费管理制度。[②]苏岩等提出了基于生存检测参数的可生存系统自主管理模型，该自主管理机制通过自主检测与控制单元来实现。[③]

综上所述，学者们对自主管理的理论研究和应用研究较为广泛，也取得了比较丰硕的成果。关于应用自主管理的研究，主要涉及学生自主管理、网络自主管理、图书馆自主管理、企业自主管理、安全自主管理、社会自主管理、水资源自主管理等，其中，涉及学生自主管理的研究最多，说明学者们特别重视对学生自主管理开展研究，研究学生自主管理富有理论和实践价值。在学生自主管理的研究中，关于课程教学层面自主管理、班级层面自主管理的研究较多。在课程教学层面的自主管理研究中，对实践教学的研究较多，关于开发理论性课程的研究较少。因此，本书研究高校开发偏理论性的课程中，如何发挥师生的自主管理作用。

第二节　课程开发

课程开发有多种英语称谓，国内对"curriculum development"一词也有多种翻译，本书采用的"课程开发"只是其中一种称谓，不同的称谓体现了不同的价值观和理念。"课程开发"一词的丰富内涵，需要我们深入挖掘和把握。

---

① 彭善民．枢纽型社会组织建设与社会自主管理创新［J］．江苏行政学院学报，2012（1）：64－67.

② 王娟丽，马永喜．水资源农民自主管理模式：运行机制与管理绩效［J］．农村经济，2015（1）：98－103.

③ 苏岩，赵国生，王健，等．一种可生存系统的自主管理模型［J］．计算机科学，2014，41（4）：65－69.

一、课程开发的相关称谓

《辞海》界定"开发"为"用垦殖、开采等方法来充分利用荒地或天然资源。如：开发资源"。《牛津英语词典》把"开发"解释为"一项计划、方案的具体细节的确定或小说情节的完全展开"。1935 年，卡斯威尔（Caswell，H.）和坎贝（Campbell，D.）在其著作（书名为 *Curriculum Development*）中首次提出"curriculum development"一词，"curriculum development"很快取代"curriculum making"[①] 和"curriculum construction"[②] 等词，成为被广泛认同的关于"课程开发"的表述。[③] 在我国，20 世纪 20 年代至 40 年代常用"课程编制"或"课程编订"术语，20 世纪 70 年代末以来，在译介外国文献中，对"curriculum development"一词的译名有四种：①沿用对"curriculum making"的旧译，仍译成"课程编制"或"课程编订"。②按照字面通常的含义，直译成"课程发展"。③参照日本人的译名，转译成"课程开发"。④译为"课程研制"。目前，大家常用的是"课程开发"或"课程研制"。[④] 课程开发（curriculum development）与课程计划（curriculum planning）、课程设计（curriculum design）、课程编制/编订（curriculum making）及课程构建（curriculum construction/building）意义相近，但略有差别。"课程开发"主要包括课程编制前期的研究和调查、课程编制、课程修订与课程推广（包括课程存在实体的印刷、发行，以及课程由试验学校普及到其他学校等）等活动或过程。由此可见，"课程编制/编订"是"课程开发"的一个阶段。[⑤] 有学者认为"课程计划"发生在课程设计与编制之前；"课程设计"或"课程编制"强调结果的呈现，属于静态层面；而"课程开发"则着重在如何达成预期结果的动态历程。[⑥] 施良方教授认为"课程编制"指的是为完成一项课程计划的整个过程，包括确定课程目标、选择和组织课程内容、实施课程和评价课程等阶

---

① 博比特（Bobbitt，F.）用词。

② 查特斯（Charters，W. W.）用词。

③ 钟启泉，汪霞，王文静. 课程与教学论 [M]. 上海：华东师范大学出版社，2008：56 - 83.

④ 黄甫全. 现代课程与教学论：第三版 [M]. 北京：人民教育出版社，2014：183.

⑤ 马金晶. 成果导向教育博士课程发展研究——以教育领导与管理专业为例 [D]. 重庆：西南大学，2012：8.

⑥ 江文雄，施溪泉. 职业类科课程发展·职业类科教材教法 [M]. 台北：师大书苑，2000：23.

段；而"课程设计"采用一种特定的组织方式，主要涉及课程的目标以及课程内容的选择和组织；"课程构建"主要强调按照原定方案或蓝图建造。"development"本身内蕴创建、开发、发展和生成等含义，意味着课程开发是一个不断改进的过程。[①]"课程开发"的内涵比其他词汇更具生成性和创造性，因此，本书采用"课程开发"这一术语，英文用"curriculum development"，强调课程开发是一个不断改进的过程。

二、课程开发的模式

《国际教育百科全书》对于模式的界定为："对任何一个领域的探究都有一个过程。在鉴别出影响特定结果的变量，或提出与特定问题有关的定义、解释和预示的假设之后，当变量或假设之间的内在联系得到系统的解释时，就需要把变量或假设之间的内在联系合并成一个假设的模式。"

课程开发模式要处理课程开发内部和外部的多种关系，按照处理的关系及其取向不同，已有的课程开发模式概括起来，有代表性的主要有"目标模式""过程模式""研究模式""自然模式""实践折中模式""情境模式"和"批判模式"七种。其中，"目标模式"和"过程模式"侧重解决课程要素间的关系问题，"情境模式"侧重解决课程与文化背景的关系问题，"研究模式""自然模式""实践折中模式"和"批判模式"侧重解决课程的实践与理论的关系问题。

本书基于整体主义，主要整合"目标模式""过程模式""研究模式""情境模式"和"实践折中模式"的精华，尝试创建适合开发高校课程的模式。黄甫全教授团队对课程开发模式进行了深入的研究，将课程开发模式分成目标模式、自然模式、过程模式、研究模式、情境模式、实践折中模式、批判模式七种模式，下面介绍该团队阐述的其中五种模式。[②]

1. 目标模式

目标模式是以"目标"为课程开发的核心和基础，围绕课程目标的确定、实现和评价而进行课程开发的模式。主要代表是"泰勒模式"，泰勒提出了课程开发的四个基本问题：①学校该试图达到什么教育目标？②提供哪些教育经验最有可能达到这些目标？③怎样有效组织这些教育经验？

---

① 施良方. 课程理论：课程的基础、原理与问题［M］. 北京：教育科学出版社，1996：80－81.

② 引自黄甫全教授等的全国教育科学"十五"规划教育部重点课题"中小学学习化课程的理论与实验研究"最终成果《学习化课程论稿——课程文化哲学初探》，第 137－144 页。

④我们如何确定这些目标正在得以实现？

目标模式既讲究课程开发的效率，重视科学程序，注重评价学生的学习进展，又从改革的角度满足了"社会要求通过学校教育预测和控制人的行为并建立社会新秩序"的愿望，所以，尽管受到许多批判，至今仍在课程开发研究中占主导地位。但目标模式忽视了课程的整体结构和课程内容的多样性，轻视课程开发过程和实施过程，不重视学生的主动性。①

2. 过程模式

过程模式是针对目标模式的局限性而提出和发展起来的，旨在克服目标模式过分强调预期行为结果的缺陷，是通过详细分析学科结构，详尽说明和选择内容，遵循程序原理来进行的课程开发模式。它批判了目标模式一味分解教育目标，不研究知识本质，仅仅预先规定行为结果，忽视教师和学生个体所具有的知识和才能的做法。过程模式超越了仅仅关注课程内在要素的局限，揭示并趋向于课程的教育过程特性。其基本内涵有：①通过对知识形式和活动价值的分析来确定内容，而不仅是依据被分割了的目标来确定内容。②重视贯穿课程活动过程始终的教育宗旨的作用。③评价的重要性，不在于确定预期目标是否实现，而在于向教师反馈教育过程的各种信息，向学生反馈其学习状况和结果的各种信息。④主张加强和促进教师发展。过程模式在一定意义上依赖于教师发展，只有教师发展了，知识水平提高了，技能熟练了，能力发展了，才能实施过程模式。

过程模式的优点是：重视教育过程，注重学生的自主性和能动性，具有开放的设计思路。而局限性是：忽视教学目标的作用，强调价值的相对性，容易给课程开发过程造成混乱。②

3. 研究模式

研究模式是在目标模式与过程模式的基础上发展起来的。斯滕豪斯（Stenhouse, L.）通过分析批判目标模式和过程模式，发现两者均重视评价，而评价形式问题在现代社会不断复杂化，需要建立"研究模式"。在斯滕豪斯看来，研究模式与学校具有课程决策权而使学校成为课程开发聚焦点的时代状况密切相关。所以，研究模式是以评价要素为核心，以尊重人类多元文化价值观为立足点和归宿点，强调以培养学生的文化价值和态度为重点，在研究的基础上进行的课程开发模式。研究模式特别强调宗

---

① 高培. 成人网络课程开发模式的研究［D］. 北京：北京交通大学，2008：14.

② 高培. 成人网络课程开发模式的研究［D］. 北京：北京交通大学，2008：15.

旨、程序原则和教师角色：①宗旨主要是为了解决多元文化中的人际矛盾，即通过教育，祛除偏见，发展对不同传统的尊重以及鼓励相互理解、理性和正义，来消除种族张力和一个多种族社会里的病态感觉。②程序原则提倡：帮助学生弄清自己的态度，协助学生寻找出隐藏其后的偏见和动机，帮助学生弄清种族张力及冲突中的情感内容，使社会中种族群体存在的历史和社会因素明晰，帮助学生理解许多看上去有种族原因的问题，可能主要是社会性的，帮助学生理解存在着经过组织努力而产生变迁的可能性。③教师必须是一个对自身或社会流行的偏见态度和观点敢于批判的人，为学生树立真实的榜样。教师还是通过努力，在不同身份的人群之间达到一定程度的相互理解和尊重的人。斯滕豪斯创造的课程，是看它是否促进我们的知识，而不是看它是否正确来加以评判的。

研究模式要求"教师即研究者"，需要教师具备高素质，在实践中受教师素质的限制，该模式是生长性目标取向，既克服了泰勒目标模式的机械性，又能够在理性的轨道上前进。[①]

4. 情境模式

情境模式立意于解决课程与社会文化的关系问题，立足于广阔的文化学视野，在对社会总体文化的分析中寻求一种灵活的、适应性较强的课程开发标准及方法。情境模式是强调通过社会文化情境的分析，着重于进行文化选择，使课程生成于时代文化中的一种课程开发模式。它反对在脱离社会现实及学校具体氛围与情境的"真空"中研制课程方案，强调课程研究方法的跨学科性质，认为哲学、社会学、心理学本身都不能作为课程开发的唯一基础，只有在文化分析的基础上，阐明课程与文化的关系，才能准确揭示课程的本质，制订出全面且合理的课程开发方案。

情境模式的优点在于：立足于广阔的文化学视野，强调课程生成于时代文化中，注重联系社会现实和学校具体氛围与情境，因而具有开放性、时代性，符合社会需求。而局限性在于：课程开发所处情境一般比较复杂，考虑了某些因素后容易忽略其他因素，难以兼顾各种因素。[②]

5. 实践折中模式

实践折中模式力图超越已有的"纯理论"模式，解决理论与实践的关

① 文星. 斯腾豪斯"研究模式"与艾斯纳"鉴赏评价模式"比较研究［J］. 西安欧亚学院学报，2012，10（1）：61.

② 龚魏魏. 文化视野下化学校本课程开发的行动研究［D］. 苏州：苏州大学，2008：35.

系，立足于课程实践，并"折中"（全面）地考量和运用课程理论。它主张：问题必须来源于具体的实际情境中，而且要探明问题的根本原因；要对特定问题情境进行仔细观察与理解，在事实判断的基础上，寻找问题解决的办法。这样，专心于疑难的活动场所（特别是教室）很必要，课堂必定是课程探究最重要的场所。教室中的教师比那些靠收集资料而总结教室活动一般知识的理论研究者，对具体问题和疑难的理解更充分。实践折中模式着重解决课程探究的具体方法，这些方法主要体现在对课程探究问题的实践和理论来源的处理艺术上。①实践的艺术主要有四个方面：一是对行为方式的规范，二是问题的发现和诊断，三是可供选择方案的预先生成，四是对方法性质的规范。②折中的艺术重在阐明某一种理论不能单独成为课程开发的基础，课程理论也不能直接用于课程开发方案的确定，理论必须在折中的基础上才构成课程实践的依据。

施瓦布（Schwab, K.）鉴定了课堂情境的课程有四种基本要素，即教师、学生、学科内容及环境，它们的相互作用具有整体性。无论是实践的艺术，还是折中的艺术，其全部依据都植根于这四个要素的整体性和互动性课程探究原则中，也就是在课程探究中，研究者应该亲临具体的实践现场诊断情境，并以此为基点，在全面和综合审议各种因素的基础上，确定具体问题的解决方法和备选方案。

"实践折中模式"的优点在于注重实践性和整体性，但其并不致力于课程开发的规范化程序设计，因而操作性不强，而且该模式要求"全面和综合审议各种因素"，在实践中难以操作。

截至目前，中国知网上题目含"课程开发模式"的博、硕士学位论文有 10 篇，CSSCI 期刊载文 13 篇，都较少涉及上述七种有代表性的课程开发模式。这些文献凸显出课程开发注重学生中心、重视实践和能力等的动向。如臧燕平针对目前初中美术教育中学生主体性不强、在课程开发方面地位缺失的现状，提出在中学美术教育中，学生作为主体来选择和开发美术课程的观点。学生为主体的课程开发具有自主性、创造性、过程性和合作性等特征，在开发过程中，要坚持如下原则：与学生的知识基础、身心发展水平相结合；与学生的兴趣、生活经验相结合；将学生主体性与教师主体性相结合等。并提出初中美术教学中学生为主体的课程开发模式，包括"确定选题、学生分组""学生学习相关研究方法并收集资料""小组

合作，组织课程"和"课程的展示和评价"四个阶段。① 诺尔斯
（Knowles，M.）认为成人能够而且应该主导自己的学习，针对传统的教师
指导的学习（teacher-directed learning）提出了成人的"自动式学习模式"。
"自动式学习模式"指的是不管有无他人协助，个人主动地诊断自己的学
习需求、建立学习目标、确认学习所需要的人力和物力资源、选择及实践
适当的学习策略并评价学习成果。② 罗红艳指出，在世界范围内，职业教
育的课程开发依次经历了世界劳工组织开发的技能模块课程、加拿大社区
学院的能力本位课程、德国核心阶梯课程、澳大利亚的培训包以及目前正
在积极开展的学习领域课程开发模式；我国的职业教育相应经历了"学科
系统化""职业分析导向"和"学习理论导向"的课程开发模式，目前正
向"工作过程导向"的模式发展。③ 朱虹指出，我国学者在总结研究国内
外课程开发实践的基础上，提出课程开发一般要考虑三方面的因素：一是
构成课程内容的知识的逻辑结构，二是不同历史时期国家对人才规格的要
求，三是不同学习者的身心发展特点。建构园本课程开发模式除了要体现
上述根本原则外，还应坚持启蒙性、素质中心、生活化、活动化和地域化
的原则。杨新秀在硕士论文中建构了"以就业能力为导向的高职课程开发
模式"，即高职院校课程改革要以培养学生的就业能力为起点，以能力本
位为内容，以人格发展、可持续发展能力和终身学习为目标，将就业能力
的特征融入职业技术教育课程开发活动和职业技术教育课程方案、计划、
文件的各个过程、环节及组成要素等结构关系和呈现方式中，对职业技术
教育课程开发的活动和职业技术教育课程所做的原则性规定和法则等，形
成具有代表性的职业技术教育课程开发活动及成果。④ 丁兴富认为课程开
发的创作模式按课程材料的原始资源可分成改造、新建和更新三种类型。
项喆源通过在上海大同中学进行"中药化妆品创新课程"开发，实施行动
研究，提出：开发一门基于科技创新项目的校本课程需要经历动态、静态
两部分，静态开发以泰勒课程模式为基础，通过实践对其进行修正，由目
标先行的经典模型改为目标后置，使其更契合校本课程的具体情况；动态
开发则以斯滕豪斯的过程模式为主，主要解决如何实现课程目标，处理教

① 臧燕平. 学生为主体的课程开发模式初探 [D]. 北京：首都师范大学，2012.
② 黄健. 国外成人教育课程开发模式初探（下）[J]. 外国教育资料，2000（2）.
③ 罗红艳. 基于就业导向的职业学校课程开发模式研究 [D]. 苏州：苏州大学，2008.
④ 杨新秀. 以就业能力为导向的高职课程开发模式研究 [D]. 天津：天津大学，2009.

学情境中出现的问题以及制定课程评价方法这些问题，然后整合两部分的内容，形成一种完整的校本课程开发模式。[①]

三、新世纪课程开发的研究成果

高校博士课程是典型的创新性课程。这里以博士课程为例来分析国内外开发创新性课程的研究现状。

截至目前，笔者在 SSCI 收录刊物，以及在 ARL、EBSCO（ASP、ERIC、TRC）等数据库搜索 2000 年以后发表的题目含有"博士课程开发"的英文文献，共 56 篇。这些文章主要是关于开发在线课程、分专业制订全球课程标准、课程评价、提升学生的科研能力等。

在中国知网上检索题目既含"博士"或"博士生"，又含"课程开发"的文献只有一篇，但不是相关研究。由于国内有学者持"教学包含课程"的观点，所以笔者在中国知网检索题目既含"博士"或"博士生"，又含"课程"或"教学"的文献，2019 年 3 月 16 日以前共 123 篇发表于 CSSCI 收录刊物，9 篇硕博士论文全是 2000 年以后的。这些论义，主要涉及外语教学、课程建设、评价与考试、比较研究等。

国内直接与课程开发相关的文献是张祥兰、王秋丽、林莉萍的《影响博士生科研能力培养的课程因素调查分析》[②]，该文是中国学位与研究生教育学会重点课题"我国研究生课程现状调查与建设研究"的阶段性研究成果。课题组于 2009 年对 278 名学生就课程现状进行问卷调查，主要结论如下：

（1）在课程价值取向和理念的调查中，前三位依次为：49.4% 的学生认为课程最重要的是应强调与研究方向的结合；26.3% 的人认为应强调知识应用能力的培养；31.4% 的人认为应强调研究方法的训练。而实践中，目前课程设置重视"基础理论"的掌握和"专业知识"的系统传授，对实践和应用重视不够。

（2）在课程设置需求和课程目标分析中，对于建议加强哪类课程的学习，研究认为最需要加强的是研究方法课（41.6%），其次是专业前沿课（31.2%），之后分别是专业基础课（14.1%）、实践类课程（10.7%）和

---

① 项喆源. 基于科技创新项目的校本课程开发模式探究——以《中药化妆品创新课程》为例［D］. 上海：上海师范大学，2014.

② 张祥兰，王秋丽，林莉萍. 影响博士生科研能力培养的课程因素调查分析［J］. 学位与研究生教育，2010（5）.

专业外语（2.4%）。学生期望课程设置能更多地满足自身研究的需要，与科研过程同步。而当前课程设置目标主要是依据《中华人民共和国学位条例》及相关学生培养方案，忽视了学生对课程学习的多样化需求。

（3）在对课程内容的调查中，20.4%的学生认为课程深度较深，35.1%认为适中，23.6%认为较浅。关于课程的知识面，有24.8%的学生认为知识面较窄，19%认为很窄。对课程前沿性的调查数据不容乐观：31.9%的学生认为前沿性较弱，10.7%认为课程前沿性很弱。总之，学生认为课程内容深度比较合理，但知识面略窄，且前沿性内容不足。这说明课程内容不够新颖，还不能及时反映科研发展的现状及趋势。

（4）在课程教学方法和课程管理的调查分析中，学生认为最有效的教学方式依次为：讲授与研讨结合（51.3%）和专题讲座（45.3%）。而49.8%的教师经常采取讲授为主、讨论为辅的方式；21.9%的教师采用讨论为主、讲授为辅的方式；只有9.4%的教师经常采用专题讲座的方式。调查数据表明，学生期望的课程教学方式与教师常用的教学方式之间差距较大，教学方式比较单一，教学环境比较封闭。教学中教师的话语权偏多，没有体现学生的学习主体地位。

（5）对课程评价依据的调查表明：53.4%的学生回答以专题论文为依据，16.9%回答以考试成绩为依据，还有10.9%回答以出勤和印象为依据。调查结果表明课程评价标准比较模糊，一定程度上存在着人为因素。

罗尧成的《论研究生课程学习与科研训练整合的三个维度——基于30位新进校博士青年教师的调查启迪》[①] 提出从如下三方面促进学生课程学习与科研训练的整合：

（1）从课程内容来看，要优化"两对结构"，构建利于研究生创新的知识结构。具体体现为：①优化形式结构与实质结构。在形式结构上，要注重体现课程内容与结构设置对于实现科研训练的支撑作用，更关键的是，要以"研究为主导"的理念来重新选择和组织课程内容。②优化（不同）课程间的结构与课程（内容）中的结构。课程体系的设置应突出专业前沿课、研究方法课以及跨学科课等课程类型，同时，在所有课程内容中渗透前沿的要求、方法的意识，以及跨学科的视角。开发课程体系有时比单独设置专门性课程效果更好。

① 罗尧成. 论研究生课程学习与科研训练整合的三个维度——基于30位新进校博士青年教师的调查启迪［J］. 学位与研究生教育，2010（11）：57－61.

（2）从教学方法来看，要改革课程实施方式，形成以自学和研究为主导的教学过程。主要从三个方面进行改革：①变研究生教学为研究生学习，充分发挥课外学习对于科研创新能力培养的重要作用。课堂教学应建立在课外自学的基础上，同时，课堂教学的结果应更好地服务于研究生的自学需要。②增大研讨式课程在研究生课程教学中的比重，改变目前讲授式课程居于主导地位的现状。③根据不同学科特点，实施以"研究为主导"的教学方式改革，如文科教学中可通过论文写作以科研带动教学，而工科教学中则通过项目设计来加强科研训练。适度引入项目教学，发挥真实问题在培养科研创新能力中的综合作用，这已被实践证明是有效的创新性人才培养之路。

（3）从师资和管理来看，要优化教师结构，建立激励著名学者参与教学的制度。著名学者对于学生的影响，不仅体现在能将学生迅速引领到学科前沿和教给他们科学的研究方法，更重要的是，能够培养学生从事科研的志趣。但目前较少有著名学者给研究生上课，为此，高校应健全相关制度，吸纳世界范围内更多有影响力的学者参与到研究生教学中。

田也壮、杨洋的《博士研究生学术文献范例教学的解析方法》① 指出：前沿文献学习是学生学习中的一项重要工作，文献阅读、学习和整理能力也是学生必须具备的一项重要研究能力，他们把学生对学术文献的学习与科研能力的提升结合起来，将文献学习分为五个阶段，丰富了课程开发的课程内容。

（1）"阶段一"是初步接触学术文献，熟悉文献结构。主要学习途径是专业课或研究方法课。教师提供顶级学术期刊的文献，如果是专业课，还要注意文献的前沿性，要确保给学生以正确的方向引导。教师也可以找一些文献作为反面教材。

（2）"阶段二"是聚焦学术领域，了解研究范式。主要学习途径可以是某门专业课，也可以是参与导师的课题。学生要逐步意识到自己的大致研究方向，并自主搜集和整理文献。经过大量阅读文献和教师的指导，学生逐步聚焦到某一研究领域，并初步了解该领域的主要研究范式。

（3）"阶段三"是进一步聚焦研究领域，掌握学术前沿和研究范式。学生确定了具体的研究领域后，还要继续挖掘相关的文献（包括经典文献和前

---

① 田也壮，杨洋．博士研究生学术文献范例教学的解析方法［J］．学位与研究生教育，2011（2）．

沿文献），根据一定的逻辑梳理文献后，找到研究前沿和空白点，形成自己的研究假设，进行理论建构，并选择适宜的研究范式和研究方法等。

（4）"阶段四"是撰写文章，经历从投稿、修改到发表的完整过程。要鼓励学生动笔撰写学术论文，在写作过程中，学生经历了研究、构思、行文、投稿和修改的全部过程，收获会远远大于纸上谈兵。

（5）"阶段五"是熟练掌握专业知识和研究范式，具备独立科研能力。学生通过不断的学习和论文写作，逐步掌握前沿的理论知识和科学的研究范式，并积极与任课教师或导师及其他人交流科研体会，取人之长、补己之短，初步具备独立的科研能力，也可能形成独具特色的研究风格。

该文还指出，案例学术文献的教学方法可以分为文献"静态解析"和"动态解析"两类方法。动态解析相对于静态解析要求学生有更多的学术积累。静态解析和动态解析方法是两种不同却又相互补充的文献解析方法，在上文提到的"文献学习提升科研能力的五阶段"可以整合使用这两种教学方法。

（1）静态解析。"静态解析"是对文献内容的解析，分"解剖式"和"解构式"两种。①"解剖式分析"即把一篇文献按照结构体系进行分解，分模块来分析。如把一篇文献分为摘要、引言、理论建构、方法、分析、讨论和结论等几部分。②"解构式分析"是教师在学生具备一定学术基础之后采用的教学方法，主要针对论文的理论建构和讨论这两部分内容，教师的教学重点是帮助学生学习理论建构和讨论部分的学术知识与研究技能，当然也可涉及其他部分的内容。

（2）动态解析。"动态解析"是一种体验式解析，分"结合写作过程"和"结合作者心路历程"两种。①"结合写作过程"解析即对文章的写作研究过程进行逆向的、片断式的解析，由浅入深、由初稿到论文完善，向学生展示"一篇高水平的论文是怎样炼成的"，并教给学生撰写和修改论文的技术方法。这种追溯法不仅让学生参观成品"论文"，还让学生了解论文的写作过程，有利于学生体会并吸取论文写作的经验。②"结合作者心路历程"解析即论文作者介绍从选题、理论建构到研究结果的整个心路过程。其中对学生最有帮助的是研究者所遇到的困难，以及对困难相关问题的探索和解决。基于心路历程的动态解析，可以更直接、更生动地向学生传送科研的隐性知识，特别是科研文化、科研精神和团队意识等。

总之，国内外关于课程开发的研究较多，也较深入，颇有成果，促进了学生发展。但已有研究没有提出开发创新性课程的模式，在班课层面对课程开发实践进行案例研究的较少，用行动研究方法的极少。国内外文献都强调学生进行研究方法训练的重要性，但关于研究方法训练课程的案例研究极少。学者张祥兰等的调查研究表明学生最需要加强的是研究方法课和专业前沿课，这一调查结果与学者罗尧成的调查结论一致。本研究的研究对象——"教育与课程文化哲学专题研究"课程训练学生从"文化哲学"的视角（或其他视角），用某种研究方法探究与之相匹配的前沿专题，既整合了研究方法课和专业前沿课的研究成果，又有利于提升学生的文化研究方法论（整体主义研究方法论）素养，促进学生做人与做学问一体化，很有研究价值。

第三节　预见式行动研究

　　预见式行动研究是行动研究的一种新范式。由于人们习惯于将实践者从事的实践活动和实际工作称为"行动"，而只有专业研究者、专家学者对事物规律的科学探索才称为"研究"，造成了行动与研究、实践与理论的隔离。[①] 针对此弊端，学者们提出了行动研究，把实践者与专业研究者不同主体的活动融为一体。

　　"行动研究"一词的提出已有近百年。1913 年，莫雷诺（Moreno，J. L.）在维也纳进行社区开发研究，使用"行动研究"一词。1939 年，美国社会心理学家勒温（Lewin，K.）在研究工厂生产问题时也使用了"行动研究"一词。行动研究自兴起就以某种社会情境中的问题为出发点，以改善社会情境中行动的质量为目的。[②] 由于情境的复杂性和研究者对行动研究的理解的差异，学者们对行动研究有多种定义。如温忠麟指出，行动研究是"行动"和"研究"的结合。[③] 1985 年版《国际教育百科全书》指出，行动研究是由社会情境（教育情境）的参与者，为提高对所从事的社会或教育实践的理性认识，为加深对实践活动及其依赖的背景的理解所

---

　　① 申继亮．教学反思与行动研究——教师发展之路［M］．北京：北京师范大学出版社，2006：2.

　　② 申继亮．教学反思与行动研究——教师发展之路［M］．北京：北京师范大学出版社，2006：15.

　　③ 温忠麟．教育研究方法基础［M］．北京：高等教育出版社，2009：17－19.

进行的反思研究。莫特乐（Mertler，C. A.）给行动研究的定义是：教师、管理者、顾问或其他人员对教学过程或环境所进行的系统化探究，目的是收集有关学校运作、教学活动和学生学习状况的信息。①

20 世纪 60 年代后期，斯滕豪斯和埃利奥特（Elliott，J.）等人倡导"教师即研究者"，使"行动研究"在教育研究领域内蓬勃发展，高效地促进了教育教学和教师专业发展，也证明行动研究确实适合研究教育与课程问题。课程开发是要将新的课程理念落实到具体的教学行动中去，需要师生作为"研究者"在"行动"中"研究"，在"研究"中"行动"。国内外课程开发的研究方法较多采用调查研究和比较研究，也采用案例研究、个案研究和行动研究等，如安格利亚理工大学应用行动研究开发国际性远程课程，工作团队与学生在行动研究工作坊中进行督导性对话，促进学生不断反思，进行元学习和研究性学习，使学生提高元认知能力，成长为元学习者，效果很好。② 预见式行动研究是一种面向未来的行动研究范式，教育是面向未来的，课程开发也要面向未来。雅斯贝斯（Jaspers，K.）表示："人的未来只能是一种开放的可能性。如果我力图预见未来，这恰是为了改变事件的进程。"③ 本书采用预见式行动研究是要不断地预见未来，通过"教育与课程文化哲学专题研究"课程改变学生开展科研的进程，协同优化师生的生命和未来。

一、预见式行动研究的缘起与内涵

人是理想、超越的存在，总希冀能超越现实、优化未来。未来研究是专门研究未来的，已成为少有的全球化学科之一。尽管人们对未来研究的学科性质认识不同，但基本上都认为，未来研究既研究当前趋势以预测未来，也借助未来这一智力工具来观照现在。④ 而观照现在的行动研究以科学实践观为哲学基础，强调反思理性，融改善社会实践、发展科学知识及

① MERTLERC A. Action research：teachers as researchers in the classroom ［M］. Los Angeles：SAGE Publicaitons，Inc.，2009：4.

② WISKER G，ROBINSON G，TRAFFORD V，et al. Achieving a doctorate：metalearning and research development programmes supporting success for international distance students ［J］. Innovations in Education and Teaching International，2004，41（4）：473 – 489.

③ 雅斯贝斯. 时代的精神状况 ［M］. 王德峰，译. 上海：上海译文出版社，1997：193.

④ 蔡泽俊，左璜，黄甫全. 预见式行动研究：一种面向未来的行动研究新范式 ［J］. 电化教育研究，2012（2）：26 – 31.

推行民主政治为一体。肇始于满足社区开发需求的行动研究，从一开始便与未来结缘。一般情况下，行动研究的第一个环节就是计划，而计划显然就是面向未来的实践。行动研究所具有的深切关注现实的情怀促动其闯入"作为现在期待的"未来世界之中。与此同时，传统未来研究伴随着方法论的"实践转向"和哲学的"后现代转向"，实现文化的转向，它所具有的以人为本、向往民主的价值追求促动其亲缘当代的行动研究，与之汇流融合，创生出极具整体性、民主性和文化性特质的预见式行动研究。①

2002 年，伊纳亚图拉与史蒂文森一道，提出了预见式行动研究。伊纳亚图拉认为，"预见式行动研究源于行动研究/学习和未来研究，旨在通过开发一种独特的质询未来的方式变革组织及社会"。② 这表示，在伊纳亚图拉看来，质询未来是改变现实的重要途径。换句话说，预见式行动研究不满足于预测和展望未来，更关注对现在的改变与引导。而史蒂文森认为预见式行动研究是一种在公开民主的过程中，通过决策、行动、评价来沟通探究、预测以及学习这三者的研究范式。这表示，在史蒂文森看来，民主性是预见式行动研究最核心的价值追求与本质特征。从这两位开创者的定义可以发现，伊纳亚图拉强调这一范式的行动特性，而史蒂文森强调其的研究特性，行动偏爱变革，研究钟情民主。"行动"和"研究"这两大特性相互作用，辩证地存在于预见式行动研究中，共同推动着它的发展和完善。③

二、预见式行动研究的理论基础

蔡泽俊等对预见式行动研究的理论基础进行了较充分的探索，指出：伴随着哲学本体论的过程转向和认识论的整体转向，预见式行动研究汲取了新的哲学理念，以过程本体为基础，应用参与认识论与多层认识论，追求多元价值。

---

① 蔡泽俊，左璜，黄甫全．预见式行动研究：一种面向未来的行动研究新范式［J］．电化教育研究，2012（2）：26－31．

② 引自 INAYATULLAH S. Anticipatory action learning：theory and practice［J］．Futures，2006，38（6）：656－666. 本句英文原文见摘要"Anticipatory action learning（AAL）draws from action learning/research traditions and Futures Studies to develop a unique style of questioning the future with intent to transform organization and society."

③ 蔡泽俊，左璜，黄甫全．预见式行动研究：一种面向未来的行动研究新范式［J］．电化教育研究，2012（2）：26－31．

1. 本体追问：过程本体

预见式行动研究是未来研究的一种新兴方法论，着眼未来，立足现在，还与过去冲突。这一逻辑出发点沟通了过去、现在与未来，实现了时间的动态联结。预见式行动研究重视长期被传统研究忽视的时间历程，采用过程的方式来探究事物的本质。在方法论的意义上，预见式行动研究坚持了过程本体论。同时，作为一种行动研究新范式，预见式行动研究秉承了行动过程中变革现实、促进了解、创生知识和追求民主的根本理念，遵循从质询到创造的无限循环上升的反思性规则。预见式行动研究本质上是一个过程，一个没有终结点的过程。基于过程本体论，预见式行动研究始终坚信，在行动之前不存在一个先有的认识主体，所有主体的自我都是在研究过程中产生的。

2. 认识取向：参与认识论与多层认识论

根据参与认识论，意义是在人的主观心智与自然世界的相互参与中产生的。基于参与认识论原理，预见式行动研究非常重视各个体参与，这是因为只有个体参与行动后方能产生真正意义上的认识，才能形成真正的主体自我。参与实质上是实现个体平等的基本方式，这就为预见式行动研究的民主化奠定了坚实的认识论基础。当然，众多主体同时参与也意味着研究过程中必然产生多元认识论，伊纳亚图拉称之为多层认识论原理。他指出，每一次的预见式行动研究中至少有四种不同的认知方式：行（doing）、知（knowing）、成（being）和悟（seeing），与这四种认知方式相对应的知识形式也不同。采用"行"的认知方式，其关注的是如何做的实用性知识，维尔德曼（Wildman，P.）称之为"工艺（techne）"；"知"的方式产生的是关于解释世界的命题或科学知识，亦即"认识（scientia）"；"成"的方式是生活或实践（praxis），产生的是"经验知识（experiential knowledge）"；而"悟"指的是上升到抽象符号的层面理解世界和自我，产生的是隐喻知识，也叫"直觉（gnosis）"。当然，也许还有更多的认知方式，但不可否认的是，承认多层认识论为预见式行动研究走向整体主义提供了认识论条件。

3. 价值诉求：多元价值

预见式行动研究是行动研究与未来研究汇流而成的，天生具有多重价值诉求。一方面，它承载着实现人类社会与组织变革的时代使命，走在解放人类的前沿阵地；另一方面，它又肩负着完成未来研究文化转向的重任，成为未来研究迈向民主化进程的引领者。预见式行动研究追求的多元价值目标包括：①将未来作为当前行动的原则。行动研究作为行动者的实践，它能有意识地改变我们将要生活在其中的未来，而未来研究的价值诉求之一就是社会变革。这一变革的共识很自然地成为预见式行动研究的价值诉求之一。②面向整体的人。在预见式行动研究中，除了个体自己的认知活动，还要了解他者的"世界观"，除了具有自己对未来的看法，还要与他者进行对话，建构共享未来的基础。这些都表明，预见式行动研究所追求的是作为整体的人类的发展。③赋权增能成为效度。预见式行动研究否定传统研究将"未来"视为人类意识的表达，而选择把促进人们预测未来的能力建构作为检验研究成果的标准。确立这一新标准进一步推动了行动者的参与效度，使其极大地获得了参与研究的权力与能力。④追求过程伦理。预见式行动研究不是简单地追求实践的效果，而是重视个体在研究过程中的深度参与。它通过解构参与者自我与他者已有的认知范畴，导向更能促进互相增能的认知范畴、故事和行动。⑤整合知识系统。参与行动研究的人来自各阶层、各群体组织，虽然他们所具有的认识和观念不同，但最终都需要在研究过程中达成基本共识。也正是在这个意义上，各类知识体系得以整合。总之，预见式行动研究的价值是多元的。①

三、预见式行动研究的应用

伊纳亚图拉指出，预见式行动研究一般可应用于以下场景：①探询未来，目的是创建可供选择的事物。②意义和行动的相互作用最关键的时候。③主客体都是真实的。④未来不确定，但可以持续重临。⑤通过创造意义和行动构成语言。⑥现实是基于过程的。⑦学习是以程序性知识、探询（未来）和认知方式为基础的。⑧要求所有参与者都回答他们是怎样看待世界的——这种情况下，参与产生了。⑨学习在做事和试验中发生。⑩研究议程由调查对象协商确定——未来是被相互定义的。②

史蒂文森指出预见式行动研究的一般过程包括：①确定将要参与行动的人员，并容纳尽可能多的不同观点，最好有官方参与。②确定预见的范围，包括空间和时间范围（一般为 20 年至 100 年），接着对要收集和分析

---

① 蔡泽俊，左璜，黄甫全．预见式行动研究：一种面向未来的行动研究新范式［J］．电化教育研究，2012（2）：26－31．

② HEARN G, et al. Action research and new media: concepts, methods and cases［M］．New Jersey: Hampton Press, 2009: 120.

的材料达成共识，包括谁负责收集、如何收集、如何处理这些材料等。③对从外界收集的材料或参与者提供的材料进行趋势分析。④以批判的态度审视并反思分析结果，包括其对后代的影响，从而创设一系列可供选择的未来图景。⑤批判性地分析每一未来图景的内涵，综合考虑经济、生态、文明、道德和社会等因素，在此基础上，选择最好的、最合适的图景，并制订行动计划和实现路径。⑥特别检视行动的诸多细节，包括即将采取的行动。⑦所有参与者对整个行动方案达成共识后才实施行动，并评价行动效果。整个过程不是单一线性的，而是循环往复的。①

预见式行动研究作为一种整体主义研究形态，有多种具体方法，在实施时可以整合起来应用。以公共管理专业学生"管理学"课程的评价改革为例，具体应用为：①用"未来三角法（futures triangle）"描绘过去、现在和未来这三角，即分析政治、经济和文化等方面的历史遗留原因造成的制约课程评价改革的阻力，现代信息社会需要进行课程评价改革的动力，以及希望学生拥有美好未来的拉力；②用"突显问题分析法（emerging issues analysis）"剖析现在和过去的课程评价存在的突出问题，通过实证资料预测未来 15 年至 20 年间学生的发展趋势和社会评估管理制度等；③用"宏观历史研究方法"向前、向后延伸以拓展当前的变革空间，通过深入探究社会政治、经济、文化、体制等的发展变化、历史谱系和未来趋势，给课程评价改革注入新动力；④用"四象限方法（four quadrant）"对问题成因进行多层探察，剖析"管理学"课程现有评价方案在个体内部、个体外部、集体内部、集体外部四个象限存在的问题及成因；⑤用支柱五"行动方案（scenarios）"创建评估制度改革要达到的目标，不只是模拟或设计，而是真正改革评估制度；⑥通过"想象（visioning）""回推（backcasting）"等优化未来，让学生和任课教师想象 15 年后的课程，回推现在的课程是如何评估的，课程的利益相关者一起进行"行动研究"，建构促进学生长远发展的新评价方案。② 而沃洛斯（Voros，J.）应用了不同的方案，开发了一般性的预见框架（a generic foresight framework），包括输入信息、预测未来、输出信息和应用策略四个部分。③

①　蔡泽俊，左璜，黄甫全. 预见式行动研究：一种面向未来的行动研究新范式［J］. 电化教育研究，2012（2）：26 – 31.

②　INAYATULLAH S. Anticipatory action learning：theory and practice［J］. Futures，2006，38（6）：656 – 666.

③　VOROS J. A generalized "layered methodology" framework［J］. Foresight，2005，7（2）：28 – 40.

"对话未来法"是预见式行动研究的典型研究方法之一，可以用于"预测未来"等部分。"对话未来法"很早就已产生，其思想可以追溯到古希腊的柏拉图时期。蔡泽俊等介绍，史蒂文森将其引入未来研究并发展成为预见式行动研究的具体方法之一。因为预见式行动研究的参与者多，会产生不同群体之间、不同个体之间，不同认识论、价值观之间的碰撞和交流，对话处于预见式行动研究的中心。对话未来法使未来学研究成为可能，还使研究理论化，甚至改变未来目标从而共享各种不同的世界观。史蒂文森认为，平等对话的实质是创设新的未来图景的有效方式。所以，对话的前提假设是存在认识间距，需要协商达成共识。对话不单是一种单纯的交往活动，而是升华为一种有效的达成共识、进行探究的方法。应用对话这一方法时，要把握以下四个原则：①对话法受文化背景影响。在运用时应尽量公开进行，加强合作，接纳多元文化；②对话法需要解放思想，鼓励发散性思维，允许不同观点甚至是怪诞想法的交流；③当对话展开域中存在多元文化与多学科性时，建议多重对话；④预见式行动研究中的对话特别鼓励质疑，这是因为新问题的产生意味着新理念和目标的诞生。①

在具体应用预见式行动研究时不一定要使用很多种方法，可以根据场景选用其中一种方法。本书进行"案例型预见式行动研究"，根据实际需要主要选用原因层次分析法，下面对其予以综述。

第四节　预见式行动研究之"原因层次分析法"②

预见式行动研究不仅要预测未来，更要在行动中"建构未来"。原因层次分析法"几乎是自 40 年前的德尔菲法（Delphi）以来第一个主要的、新的未来研究的理论与方法"，③ 在多个层面多次解构现实，创设多元未来，超越了传统的未来研究，不仅"预测未来"，也"建构未来"。"原因层次分析法"是预见式行动研究的代表性方法之一。

---

① 蔡泽俊，左璜，黄甫全. 预见式行动研究：一种面向未来的行动研究新范式［J］. 电化教育研究，2012（2）：26 – 31.

② 本节内容在我与黄甫全合作的论文《原因层次分析法：预见式行动研究的有效方法》的基础上略加修改而成，该论文已发表于《电化教育研究》2014 年第 6 期。

③ INAYATULLAH S. The causal layered analysis（CLA）reader：theory and case studies of an integrative and transformative methodology［M］. Tamsui：Tamkang University，2004：8.

一、原因层次分析法的兴起

为满足人类超越现实、优化未来的需求，原因层次分析法响应建构新型未来的生存论召唤，以"哲学反思""剖析隐喻"和"文化批判"三大支柱为保障，整合了多种理论，兴起于未来研究的实践中。

1. 动因：建构新型未来的生存论召唤

"哲学就是人学，但哲学一开始并不是以人学的形态而存在"，"只有现代哲学才把人的问题凸显出来，作为哲学的最高问题来研究"。① 马克思指出："哲学家们只是用不同的方式解释世界，而问题在于改变世界。"② 马克思之前哲学的使命主要是解释世界，而人是实践性的存在，人要更好地生存，总是要改变世界、创造未来。马克思主义哲学产生后，哲学方法论实现了"实践转向"，哲学的主题由认识论转向生存论（人学或人论），由"解释世界"转向"改变世界"，人类生存的现实危机和个人生存的意义危机成为现代哲学反思的主题。西方国家在实现现代化的过程中，片面追求经济利益，产生了严重的社会危机。许多哲学家开始深刻反思人类的生存危机，批判"现代主义"的不合理之处，哲学由此转向了"后现代"。后现代主义席卷西方并波及整个世界，反对"同一性"，悦纳不确定性，③ 可分成"解构性后现代主义"和"建设性后现代主义"两个阶段。解构性后现代主义以否定和批判现代主义为核心，但其局限性在于重"破"而轻"立"，没有提出解决危机的方案。20 世纪 80 年代，解构性后现代主义屡遭质疑、趋于没落，取而代之的是建设性后现代主义。建设性后现代主义倡导开放、平等以及建设性和创造性，针对现代社会所面临的危机，在吸收和批判解构性后现代主义的基础上，既破又立，提出了解决危机的方案，优化了人类的生存环境。④

受崇尚多元性和变动性的后现代主义哲学的影响，近二十多年来，未来学家越来越意识到多元文化、主体性和诠释性对解释和创造未来的重要性，不再像过去那样只去预测未来，而更注重采用那些对多种认知模式敏感，认

① 武天林. 马克思主义人学导论［M］. 北京：中国社会科学出版社，2006：1.

② 马克思，恩格斯. 马克思恩格斯选集［M］. 中共中央马克思、恩格斯、列宁、斯大林著作编译局，编译. 北京：人民出版社，1995：61.

③ 王学义. 伸张与陷阱——对后现代主义的几点解读［J］. 四川师范大学学报（社会科学版），2002（1）：12.

④ 何跃，苗英振，弓婧绚. 走进人类中心主义还是走出人类中心主义——基于对生态学马克思主义与建设性后现代主义自然观的比较分析［J］. 自然辩证法研究，2011（6）：116 – 121.

可多元价值且能深入诠释世界观的方法论。未来学家伊纳亚图拉正是处于这一理论与实践转变前沿的领军人物之一。[①] 他吸纳了建设性后现代主义和实践哲学的养分，在批判和解构现实的不合理的基础上，重构更合理的现实，不仅提出解决危机的方案，还付诸实践变革现实以优化未来，创立了原因层次分析法。响应建构新型未来的生存论召唤，原因层次分析法植根于人的生存环境中，弘扬人的主体性，尊重多元价值，主张众多利益相关者采用多种认知模式，在解构和批判的基础上，提出解决危机、变革现实的方案并实施，去化解人类的生存危机，提升人的生存意义。

2. 保障：强而有力的三大支柱

原因层次分析法"主要吸收了后结构主义、宏观历史研究方法（macrohistory）和后殖民地多元文化（postcolonial multicultural）等理论，因而能超越难以深入到世界观和隐喻层的传统社会科学研究和预测方法"，[②] 通过"哲学反思"和"剖析隐喻"解构传统世界观和隐喻，分别转变制约人之思维和行为的理性和感性等；通过"文化批判"助力预见式行动研究的批判和变革"行动"。这新增的"三大支柱"保障了原因层次分析法的蓬勃兴起。

（1）哲学反思。

反思有两个基本层次，一是对思想内容的反思，二是对构成思想的根据和原则（逻辑支点）的反思，后者属于哲学反思。人们的思想强烈影响认识和解决问题的方式，构成思想的逻辑支点是具有"逻辑强制性"的隐匿的"手"，制约人的思维和行为按照既定的路径进行。[③] 不转变不合理的思想，不转变隐匿的构成不合理思想的逻辑支点，就只能被动地按照原来的思维和行为进行下去，形成不合理的未来。只有深入"隐匿"的世界观，解构这一制约人之思维和行为的逻辑支点，通过哲学反思批判性地超越现实，重构出更合理的逻辑支点和未来愿景，新的思想和行动才能真正生效，才能建构出新的更合理的未来。传统的未来研究之所以只是预测未来，没有建构新型未来，就在于没有深刻探察到人的"隐匿"的世界观，更没有转变具有"逻辑强制性"的这一支点。原因层次分析法吸收了后结构主义等理论，因而能超越难以探察到世界观的传统方法，找到隐匿的构成思想的逻辑支点，解构并转变这一支点，形成新

---

① RIEDY C. An integral extension of causal layered analysis［J］. Futures，2008，40（2）：150–159.

② CLA Defined［EB/OL］.［2014–06–20］. http：//www. metafuture. org/.

③ 孙正聿. 哲学通论［M］. 北京：人民出版社，2010：212.

的更合理的思想，在"哲学反思"的保障下超越现实、优化未来。

（2）剖析隐喻。

制约人的思维和行为的不仅包括"有意识"的理性思想，还包括"无意识"的感性思想等。弗洛伊德（Freud, S.）把人的心理结构分成"意识"和"无意识"两部分，认为支配人的思维和行为的是无意识，但无意识通常连自己都难以察觉，要借助"梦、神话、艺术、文学、穿着"等隐喻"争到生活的表面来"才能被人意识和察觉，进而加以调控。① 原因层次分析法引入了关注隐喻和无意识的新时代/绿色精神观等，因而能超越极少关注隐喻的传统方法，解构隐喻所隐含的支配人思维和行为的无意识的情感、心态、直觉、想象等，并转变其中不合理的要素，吸纳和重组优质要素，从而能更彻底地变革现实、更长远地规划未来。

（3）文化批判。

20 世纪以来，随着工业的迅猛发展，西方社会遭遇了严重的文化危机，人表面上是自由的，实际上却深受无形的、异己的文化力量的束缚。为摆脱文化桎梏，人们开始反思文化危机，走向"文化批判"。未来研究随之实现了"文化转向"，深入到事物复杂多变的文化情境中。原因层次分析法吸收了多种文化理论的精华，因而能独特地、深刻地切入曾被忽略和边缘化的文化，对历史和现实进行文化批判，建构出新型未来。"新马克思主义（Neo-Marxists）文化批判理论"注重通过文化批判实施政治和阶级斗争，受此启发，原因层次分析法注重剖析影响社会意识形态的文化力量，主张消解等级制、弘扬平等性。原因层次分析法也吸收了"文化/诠释主义"的"营养"，在诠释事物时对其社会经济文化背景进行多层面剖析。原因层次分析法还借鉴了加尔通（Galtung, J.）的"深层文化密码观（deep civilizational codes）"，这种观点主张，要充分理解文化间的关系就应该通过正式、非正式的途径去破译文化密码，从现象一步步深入其文化根源。② 原因层次分析法也注重从多个层面深入挖掘文化根源，通过多种途径把握社会政治经济的文化发展谱系。

---

① 朱晓慧. 新马克思主义消费文化批判理论 ［M］. 上海：学林出版社，2008：56 – 57.

② INAYATULLAH S. Causal layered analysis：an integrative and transformative theory and method ［EB/OL］. ［2014 – 06 – 20］. http：//scholar. google. com/scholar? q = + + Causal + layered + analysis%3A + an + integrative + and + transformative + theory + and + method&hl = zh – CN&btnG = % E6%90%9C% E7% B4% A2&lr = .

3. 历程：理论滋养的三个阶段

原因层次分析法在孕育、形成和发展的三个阶段中，基于整体主义，主要整合了 12 种理论的精华。这些理论的基本观点及其对原因层次分析法的影响见表 2 - 3。①

表 2 - 3　原因层次分析法的理论源泉

阶段	理论思潮	基本观点/取向	对原因层次分析法的影响
孕育阶段（1975—1990）	预测/实证主义	重视实证资料，使研究更科学严谨	运用实证资料科学地预测未来
	文化/诠释主义	创设共享言论和真实意义，重视对话	在文化情境中诠释实证资料的意义，关注纵向四个层面的文化
	批判/后结构主义	注重批判和解构，尊重多元价值	批判历史和现实，用后结构主义工具箱解构和重构
	夏威夷未来研究中心重视行动研究的取向	重视实证方法和"做中学"，注重对知识和理论的运用，有明确的优化未来的价值观	重视实证和行动研究，旨在建构新型未来
	新马克思主义	在以人为本的思想与关注不变行动者的思想之间存在张力	个体和结构互相影响
	新时代/绿色精神观	关注新故事在创造过程中的变化	注重分析隐喻层的神话等

---

① INAYATULLAH S. Causal layered analysis：an integrative and transformative theory and method［EB/OL］．［2014 - 06 - 20］．http：//scholar. google. com/scholar？q = + + Causal + layered + analysis%3A + an + integrative + and + transformative + theory + and + method&hl = zhhytenCN&btnG = % E6%90%9C% E7% B4% A2&lr = .

（续上表）

阶段	理论思潮	基本观点/取向	对原因层次分析法的影响
形成阶段（1990年代）	加尔通的深层文化密码观	理解不同文化间的关系须通过正式、非正式的途径了解其文化根源	通过多种途径深入剖析纵向四个层面的文化
	福柯（Foucault, M.）的认识论历史框架	任何知识都是历史的产物	解构历史，进行谱系化
	沙卡（Sarkar, P. R.）阐述的孔萨斯（kosas）	感知是分层的，在多个层面由浅入深剖析是认识不断深化的过程	在纵向四层由浅入深、再由深入浅进行循环分析，能更深入地把握事物
	史劳特（Slaughter, R.）注重行动研究	从优雅象征主义未来研究转向通俗未来研究，转向解决实际问题	注重行动研究
发展阶段	复杂理论	事物是复杂的，有多种表述形式	对调和传统的二分法（如个体和结构）特别有效，用多种认知模式认识事物
	荣格—完形（Jungian-gestalt）心理疗法	整合荣格的研究和完形心理学等，主张通过了解个体当时的躯体状况，认识被压抑的情绪和需求，整合人格的分裂部分，改善不良适应	注重外部与内部、理性与非理性分析相结合；在决策前要分析理性与感性、逻辑与情感

　　如表2-3所示，1975—1990年是原因层次分析法的萌芽阶段。伊纳亚图拉在夏威夷大学行政学院攻读学士、硕士和博士学位期间，深受预测/实证主义等的影响，注重从多个视角思考问题，视野开阔。20世纪90年代，伊纳亚图拉潜心于自己的未来研究实践，在深层文化密码观等理论的影响下，于1993

年和史蒂文森在曼谷召开的世界未来研究联盟会上"第一次提出原因层次分析法",① 用其剖析曼谷的交通污染及社会生态问题。史劳特评价道:"毫无疑问,事实证明原因层次分析法是未来研究领域近年新兴的最具创新性和实效性的方法之一。"② 伊纳亚图拉于 1995 年在《未来学》杂志首次发表阐述"causal layered analysis"的论文,1998 年首次以"Causal Layered Analysis"为题发表论文,从而正式宣告了原因层次分析法的诞生。之后,原因层次分析法整合了复杂理论,在应用中不断发展。伊纳亚图拉于 2000 年正式成为著名的未来研究学府——台湾淡江大学的访问研究员。截至目前,台湾的中文论文全文出现"causal layered analysis"的有 19 篇硕士论文和 2 篇期刊论文。这些论文以"causal layered analysis"为研究方法或逻辑框架来分析民主体制改革、行政管理、族群关系、政府规划、未来教育和学校管理等问题现状和困境成因,其中在标题出现的只有硕士论文《以因素层级分析法探索高职进修学校成人学习者面对课程设计之深层意识》和期刊论文《多层次因果分析论马英九的外交思维》,其他论文还将其译成"因素分层分析""因果层次分析"或"层次因果分析法"等。大陆只有 2 篇期刊论文涉及,将其译成"原因层次分析法",③ 本书采用此译法。

二、原因层次分析法的原理

伊纳亚图拉精辟地指出,原因层次分析法是一种新的研究理论和方法,作为理论,它寻求在内外层次上整合实证、诠释、批判行动研究/行动学习的认知方式;作为方法,其价值不仅在于预测未来,更在于拓展变革的空间以创造新型未来。④ 他在 2004 年主编的原因层次分析法读本中,将其描述为"整合(integrative)与变革的方法论",2009 年出版的专著直接题名为"原因层次分析法:一种整合与变革的理论与方法"(*An Integrative and Transformative Theory and Method*)。原因层次分析法是理论与方法的整合,注重从

---

① 见伊纳亚图拉一篇标题中出现"Causal Layered Analysis"的论文:INAYATULLAH S. Causal layered analysis: poststructuralism as method [J]. Futures, 1998, 30 (8): 826.

② SLAUGHTER R A. What difference does integral make? [J]. Futures, 2008, 40 (2): 120 – 137.

③ 蔡泽俊,左璜,黄甫全. 预见式行动研究:一种面向未来的行动研究新范式 [J]. 电化教育研究, 2012 (2);邓永超,黄甫全. 原因层次分析法:预见式行动研究的有效方法 [J]. 电化教育研究, 2014 (6).

④ CLA Defined [EB/OL]. [2014 – 06 – 20]. http://www. metafuture. org/.

多个层面剖析问题。夏威夷大学"最佳未来研究项目"的负责人戴塔
（Dator, J.）指出："原因层次分析法在帮助团队思考长远未来时比大多数只
是进行单一层面分析的任一种理论或方法都要更有效。"① "原因层次分析法
的核心假设是，现实是多层的，认知有多种模式。"② 原因层次分析法应用
多种认知模式认识世界，创新了方法论，从多个层次变革现实。

1. 认识取向：多元认知模式

著名哲学家张东荪非常重视认识论的复杂性，认为以往的认识论犯了
一元或二元的错误，实际上认识是由感觉、经验等多元构成的，单纯归结
为某一元都不合适，从而提出了"多元认识论"。伊纳亚图拉认为多元认
识论是理论和方法的敲门砖，指出未来研究的优势就是多元认识论（epis-
temological pluralism）。社会科学有"实证主义""诠释主义"和"批判主
义"三大研究取向，未来研究也有这三种认知模式。"实证主义"注重通
过实证方法获取资料，强调未来研究要注重科学严谨性。"批判主义"批
判实证主义过于老套，不能有效诠释文化、语言和阶级性。未来研究在发
展过程中应更注重批判现实，不能只满足于预测未来。"诠释主义"看到
了二者的极端，注重对话沟通和共享言论，致力于创造真实的文化意义。
伊纳亚图拉在夏威夷未来研究中心时，深受表 2-4 所示三种模式的影响。

表 2-4　原因层次分析法整合的未来研究的三种认知模式③

认知模式	目的	哲学取向	当时的对象	应用程序	过程	本体论
预测/实证主义	预测既定未来	实证主义	异步（Allochronic）	战略规划	发展战略性的回应	实证哲学
文化/诠释主义	比较、洞悉	交互作用/存在主义	完全同步	协作计划	诠释意义和文化背景	相互作用
批判/后结构主义	系统分析事物	批判	多向时制（Polychronic）	解构	参与认知、提倡替代性	解构

① INAYATULLAH S. The causal layered analysis（CLA）reader：theory and case studies of an integrative and transformative methodology ［M］. Tamsui：Tamkang University, 2004：8.

② RIEDY C. An integral extension of causal layered analysis ［J］. Futures, 2008, 40（2）：150-159.

③ BUSSEY M P. Where next for pedagogy? Critical agency in educational futures ［D］. Brisbane：University of the Sunshine Coast, 2008：57-58.

伊纳亚图拉后来在未来研究实践中将上表三种各有侧重、有机联系、互为补充的认知模式优化组合，创新性地提出了更具整体性的原因层次分析法。原因层次分析法是独一无二的，超越了只是应用某一种认知模式的传统未来研究，其功能优于三种单一模式的相加。它整合了科学主义和人文主义，运用"预测/实证主义"方法获取资料以科学地预测未来，运用"文化/诠释主义"解释资料在社会情境中的文化意义，运用"批判/后结构主义"批判性地解构，创造出多元未来以供优选。①

2. 方法创新：多层立体分析

预见式行动研究在质询未来的过程中始终要立足现实，要分析现实的不合理现象及深层次的原因，提出替代性对策，设计多元未来方案以供优选。原因层次分析法超越传统的平面式分析，创新了方法论，新增了立体分析的维度，从多个层面去分析现实的不合理，解构成因，重构更优化的对策，建构出多元未来方案，以供后续的行动研究优选。② 原因层次分析法吸收了概念"孔萨斯"，孔萨斯指"感知/意识是分层的，人们对现实的不同看法取决于个体所感知到的层级的不同"，③ 感知到的层级越多、越深，越能挖掘到现实的本质，革新的力量就越大、变革的空间就越广、作用的时间也就越长。原因层次分析法对现实进行多层立体分析，从现象（litany）、制度/社会原因（system/social cause）、话语/世界观（discourse/worldview）和比喻/隐喻（myth/metaphor）四个层级解构现实，其中深层的话语/世界观和比喻/隐喻层是传统社会科学研究和预测方法难以触及的，这也拓深了立体分析的层级，因而能更深入、更广泛和更彻底地解构现实，创造出更多、更合理的未来愿景以供优选。原因层次分析法在"现象层"通过实证方法预测危机问题的发展趋势，引起人们的高度重视；在"社会原因层"从政治、经济、管理等方面入手来剖析社会原因，诠释"现象层"资料的文化意义并质疑；在"世界观层"通过哲学反思探察到"隐匿"的世界观，并解构这一制约思维和行为的构成思想的逻辑支点，

① INAYATULLAH S. Causal layered analysis: an integrative and transformative theory and method [EB/OL]. [2014 – 06 – 20]. http://scholar. google. com/scholar? q = + + Causal + layered + analysis%3A + an + integrative + and + transformative + theory + and + method&hl = zh – CN&btnG = % E6% 90% 9C% E7% B4% A2&lr = .

② CLA Defined [EB/OL]. [2014 – 06 – 20]. http://www. metafuture. org/.

③ BUSSEY M P. Where next for pedagogy? Critical agency in educational futures [D]. Brisbane: University of the Sunshine Coast, 2008: 132.

而且变革其中不合理的要素；在最深入的"隐喻层"剖析和调控无意识的情感、心态、直觉和非理性等（参见表2－5）。①

表2－5 纵向四层立体分析预测未来

纵向层	视角	工具/途径	场景	内外	主观客观	有无意识	主要任务
现象	科学	眼、实证资料等	更富有工具性	外部	客观	有意识、理性	通过资料预测问题的发展趋势
制度/社会原因	社会科学	口、语言、诠释主义、文化等	更富有政策性	外部	客观	有意识、理性	分析社会的政治、经济、文化等体制原因
话语/世界观	哲学	脑、语言、哲学反思、后结构主义工具箱等	抓住根本差异	外部、内部	主观	有意识、理性	剖析世界观、意识形态等，理清逻辑思路
比喻/隐喻	隐喻	心、艺术、故事原型等	离散，通过想象、感觉等右脑思维方式揭示差异	内部	主观	无意识、非理性、感性	以情感为驱力，调整心态，寻找集体迷思，解决悖论

受沙卡的研究、复杂理论和"荣格—完形心理疗法"等影响，原因层次分析法注重在纵向四个层面多次反复地由浅入深、由外及里地剖析纷繁复杂的现实。如表2－5所示，原因层次分析法在不同的场景下，针对不同的任务，从不同的视角，运用不同的工具，从理性与感性、有意识与无意识等方面去解构和重构现实。这立体四层的分析是有机联系、互为补充的，从现象层到隐喻层，不断向纵深和边缘拓展，如同金字塔，逐渐由窄

---

① CLA Defined［EB/OL］．［2014－06－20］．http：//www.metafuture.org/.

范围、浅层、短期过渡到宽范围、深层和长期，并立足于更深入的世界观层和隐喻层，分别剖析人们主观的理性和感性，再"回眸"探察浅显的、客观的现象层的发展趋势和社会原因层的现实危机成因，从而形成了从浅到深、从深又到浅、再从浅到深的螺旋理路。这样就既在社会原因层剖析了客观的危机成因，又在世界观和隐喻层分别剖析了个体主观的有意识的理性和无意识的感性，践行了整体主义所倡导的尽可能全面分析事物的理念。

总之，原因层次分析法的内涵很丰富，是一种整合与变革的方法。它整合了"实证主义""诠释主义"和"批判主义"三种认知模式，突破了传统的平面式分析，新增了立体分析的维度，在现象层通过实证资料预测现实危机的未来发展趋势，在社会原因、世界观、隐喻层分析现实危机的成因并提出对策，既预测未来，也建构未来。

三、原因层次分析法的策略

原因层次分析法自诞生以来，得到了广泛应用。伊纳亚图拉于 2009 年指出，通过 100 多个工作坊和大量论文的应用，原因层次分析法已经由未来教育的批判工具转变为国际、国家、州、地方的政府和非政府组织的决策和战略开发工具。原因层次分析法已经像其他任何一种有效方法那样经过了组织和个人的检验，美国、泰国、德国、荷兰、新西兰、新加坡、马来西亚和澳大利亚等多国在制定政策、改革时弊、规划未来和调控管理等方面高效应用原因层次分析法，每个人都可以使用原因层次分析法来反思自我、剖析他者或制订计划等，多领域的应用大大提升了它的价值，使之优势凸显。原因层次分析法的优势主要体现在：①拓展了情境的范围和丰富性。②应用于案例研究时，能容纳所有参与者的不同认知模式。③在研究未来的过程中，因其能整合非文本与诗意/艺术性的表达，从而能吸引更多人参与，应用广泛。④认可参与者的立场并分层，各层面参与者的立场既冲突又和谐。⑤促使研究超越表层和中心向深层和边缘拓展。⑥允许不同行动者进行系统变革。⑦拓展新的分析层面引领行动者采取措施。⑧增强了对策的可操作性，使之能真正解决问题，而不只是再次登记危机问题。⑨开发出短期、中期和长期的策略。⑩恢复了社会分析的纵向维度。但一种理论或方法难免有局限性，原因层次分析法也不例外。伊纳亚图拉反思道："原因层次分析法像其他认识论意义上丰富的方法一样，会因为太多时间花在分析问题上，而没有足够时间制订解决危机问题的对策，导致行动无力。"① 这就警醒人们，需要有意识地加快新对策的制订和实施，如可以借助网络教室、教学博客、网上课件、视频教学和在线同步软件等现代化信息工具，便捷、高效地开展研讨，制订对策并实施，快速地反馈信息，及时调整。里迪认为，"工作坊中的一些参与者也许没有能力深入剖析制约事物发展的社会原因或人的世界观等"，② 对此，可以借助语音助手、QQ 群等提供更多的在线机会或面对面交流合作的机会给参与者，让他们形成"共同体"并互相帮助。

这样的广泛开发，已经形成了原因层次分析法的有效策略，概括起来主要有整体主义的"程序图"、后结构主义的"工具箱"和整合方法论的"支柱系"。

1. 整体主义的"程序图"③

整体主义认为事物不可能在隔离中得到充分理解，要全面整体地看事物，从多个层面、多个视角立体地剖析，要整合多个主体对事物的不同认知，珍视多样性、变动性和差异性。整体主义还强调构成整体的各要素之间是有机联系、相互促进的，要优化组合诸多要素，尽可能强化每一个要素，从而使整体的功能最大化。原因层次分析法创新性地应用整体主义的"程序图"，在纵向四层多次反复地解构与重构，有机整合了每一层不同行动者的多元认知模式、方法论和价值观等。以"某信息传媒集团改制上市"为例，这一操作性的"程序图"通常包括以下五个步骤。

（1）纵向逐层分析面临的困难。现象是某信息传媒集团要改制上市遭遇阻力。然后从社会原因到隐喻三个层面剖析成因。社会原因层是政府要进行社会文化体制改革，要加快文化产业发展，该信息传媒集团属经营性文化事业单位，需要把事业单位体制变革成企业体制，才能上市。世界观层是某些利益相关者没有认识到市场经济背景下该信息传媒集团转制上市的重要性和必要性，有些人担心改制上市损坏了自己的既得利益。隐喻层是员工情感上和心理上不乐意转变事业单位身份。

---

① INAYATULLAH S. Causal layered analysis: an integrative and transformative theory and method [EB/OL]. [2014-06-20]. http://scholar.google.com/scholar? q = + + Causal + layered + analysis%3A + an + integrative + and + transformative + theory + and + method&hl = zh - CN&btnG = % E6% 90% 9C% E7% B4% A2&lr =.

② RIEDY C. An Integral extension of causal layered analysis [J]. Futures, 2008, 40 (2): 150-159.

③ Causal Layered Analysis [EB/OL]. [2014-06-20]. http://www.metafuture.org/.

（2）横向逐层提供最佳选择。在社会原因层和世界观层通过提问来生成对事业单位改制上市的正确的新认知。首先，在社会原因层，从社会、技术、环境、经济和政治视角来揭示不同行动者对事业单位改制上市的不同认知。然后，在世界观层询问"事业单位改制上市凸显了怎样的价值"，让利益相关者认识到改制上市有利于破解融资难题、规范治理结构、提升企业知名度和提高经营管理水平等。最后，采取相应措施形成正确的新认知。

（3）重构隐喻。先挖掘出隐喻所隐含的制约改制上市认知的无意识，剖析众多利益相关者无意识的情绪和心理等，然后集体重构该集团转制上市要达到的愿景，再分析要实现该愿景，该如何破除当前无意识的制约因素。

（4）重组问题和重新定义可能的解决方案。为实现该信息传媒集团改制上市这一目标，进行充分的市场调查和可行性研究，提出首次公开募股或买壳等若干方案，集思广益后选择最佳方案。

（5）逐层制订和选择措施。根据选定的最佳方案，在每一层相应精选一项措施进行预见式行动研究，并在循环研究中不断改进："现象层"选用应急措施，迅速整合资源并妥善安置人员；"社会原因层"通过顶层设计理顺社会体制，并制订改制上市的激励约束机制；"世界观层"通过转化构成思想的逻辑支点，尽快转变经营理念；"隐喻层"选用情感和心理上能让相关人员乐于改制上市的措施，可以用邓小平"不管黑猫白猫，捉到老鼠就是好猫"的倡导改革的幽默式隐喻，来揭示"应该破除教条主义和世俗偏见，大胆践行改制上市"。

不过，以上步骤不是每次应用原因层次分析法时都必需的，可以根据目标和场景灵活调整或简化。

2. 后结构主义的"工具箱"

后结构主义是对结构主义的继承、批判与超越。结构也可以看成一个系统或集合。后结构主义质疑"结构"的完整性和不可分割性，分解并拆散"结构"，突破传统观念的束缚，在一个更广阔的文化哲学背景中，对事物进行多层面的解构式分析，消解那些制约人的思维和行为的僵化结构。后结构主义认为世界是多元的，人们的思想不应受制于固定的模式，真理不是绝对的，而是不可穷尽的，探求真理的途径和方式也应是多元的。原因层次分析法以"后结构主义的工具箱"（poststructural toolbox）作为策略之一。该工具箱有解构、谱系（genealogy）、拉远（distance）、新型过去和未来、知识重组五个工具，每个工具都配备了大量问题，可以应用于纵向四层立体分析的任一层，当然，有些工具更适用于某些层。以"教育技术学学生创新研究方法"为例来分析：①"解构"是分解制约学生去创新方法的要素。②"谱系"是厘清教育技术某研究方法的历史发展脉络。③"拉远"是综述该方法的中外最新研究成果，开阔视野、延伸思维，因为"他山之石可以攻玉"。④"新型过去和未来"是解构过去制约教育技术方法使之僵化的思想之逻辑支点，重构更合理的新支点，增加更优化的新要素，建构新型的过去和未来。原因层次分析法变革现实的不合理，重构新型过去和未来，正好与注重过去、现在与未来动态联结的预见式行动研究相契合。⑤"知识重组"类似于解构和谱系，问题包括：根据新情境如何重新优化组合新旧知识要素，进而创新传统研究方法？针对不同主题如何相应创新性地应用同一方法？

受建设性后现代主义和整体有机论等影响，原因层次分析法既应用"后结构主义工具箱"在现象、社会原因、世界观和隐喻四个层面去"解构"原有整体，剖析各要素及其之间的关系，理清发展的"谱系"，破除不合理的要素；又超越解构性后现代主义，让人们生成建设性的新想法和新观念，通过纵向四层参与者的行动研究"拉远"与现实的距离，建构"新型过去和未来"，然后"知识重组"现实危机问题，或优化重组各要素，或吸纳更优质的要素替换不合理的要素，将被解构的原有整体有机地重构为功能更强大的新整体，使各要素相辅相成、优势互补，从而既破除现实的不合理，又创建更合理的未来。预见式行动研究在循环研究的动态过程中，始终立足过去和现在，面向未来。原因层次分析法凭借后结构主义的"工具箱"等策略沟通了过去、现在和未来，是预见式行动研究的高效方法之一。

四、原因层次分析法的应用

预见式行动研究需要在预测未来的基础上采取行动从而创造未来。原因层次分析法不仅能根据过去和现在的"因果轮回"预测未来，实现预见式行动研究的"预见"，还能在纵向四层解构并建构多元未来方案，供利益相关者参与"行动研究"并优选最佳方案，从而在预测未来后融入行动研究。行动研究注重在研究中行动，在行动中研究，强调所有行动者平等参与研究。原因层次分析法的纵向四层各有许多不同的利益相关者，他们通过行动研究，不仅在每一层进行横向整合，也纵向整合四层不同的观点和措施等（见表2－6）。[①]

表2－6　纵向四层不同行动者参与行动研究优化未来

纵向层	行动者	问题	措施	信息来源
现象	政府	实证资料揭示的可预测的浅显问题	短期的方法和途径	电视、报纸
体制/社会原因	政府，商业/民间社团，个体	短期历史原因导致的问题	综合性方法、系统性措施	政策性学术期刊、社论
话语/世界观	作家、哲学家等，外显的占支配地位的言论	深层的社会、语言、文化结构	转变意识和世界观，哲学反思自己和他人	一般的学术期刊、意识形态的杂志、哲学课
比喻/隐喻	神秘主义者（mystics）、指挥者和远见者引起的集体无意识	由核心神话构成，通常起源于创伤或超常事件	揭开迷思/隐喻及其创造过程，想象新故事意味着怎样的隐喻；非理性的措施	艺术工作者、远见者、神秘主义者，某些电影

如表2－6所示，四个层面的不同行动者全程参与行动研究，从不同来源收集信息并加工管理，针对各层面的不同问题采取相应措施，整合了所有层面的观点后建构集体的未来愿景。之后试行多元愿景，根据试行结果选择最佳方案付诸实践。预见式行动研究通过原因层次分析法的分层，尽可能广泛地吸纳普通群众、实际操作者、管理人员、专家和学者等更多利益相关者参与，而且所有行动者都是平等参与的，每个人的观点都需要得

---

① 参考了菲茨杰拉德（Fitzgerald, J.）总结的表并修改完善. 见 INAYATULLAHS. Causal layered analysis: an integrative and transformative theory and method［EB/OL］.［2014－06－20］. http：//scholar. google. com/scholar? q = + + Causal + layered + analysis%3A + an + integrative + and + transformative + theory + and + method&hl = zh－CN&btnG = % E6%90%9C%E7%B4%A2&lr =.

到尊重，这是对某些更重视权威人士观点的分析法的超越。

作为预见式行动研究的具体方法，原因层次分析法可以用于预见式行动研究的全过程，主要可以用于预见未来/建构未来、行动实施和反思改进/反思预见等环节。如在"预见未来"环节，可以凭借历时进程的多次因果轮回来预测未来，这是因为过去的因导致了现在的果，现在的果又是导致未来的果的因，如此多次因果轮回，就可以预见未来。在"建构未来"环节，可以尽可能多地吸纳原因层次分析法的客观原因层、世界观层和无意识层的行动者的观点，建构多元未来愿景以供优选。在"行动实施"环节，可以用原因层次分析法及时分析和解决行动中的不足，不断提高行动质量。在"反思改进"环节，可以从多个层面反思不足的成因，以便采取措施予以改进。在"反思预见"环节，可以反思已经出现的问题的原因，提出长效对策，并预见可能出现的问题，防患于未然。当然，以上阐述的只是预见式行动研究和原因层次分析法的一般环节和应用，在实践中，要根据具体情况灵活调整。

总之，预见式行动研究是特别凸显"预见未来""对话未来"和"建构未来"的行动研究新范式，与一般的行动研究相比，其独特之处主要在于：①更强调所有利益相关者全程平等对话，因而能更多地吸纳利益相关者的参与，融合更多不同观点。②行动研究做计划主要是"为改变当前的实践"，[①] 而预见式行动研究做计划，主要是为了预见并建构未来。预见式行动研究更凸显所有主体都对话未来，预见未来社会的需求、特点和影响，预见个人发展趋势等，并建构未来。③预见式行动研究在制订计划之前，要先用原因层次分析法深入到"客观原因层"和一般的分析法难以触及的"世界观层"和"无意识层"，层层深入解构现在和过去的不足的成因，提出长效对策，设计几种方案，在实施中优选最佳方案并不断改进；或设计一种方案，客观原因层、世界观层和无意识层各有多重措施，在实施过程中协商优选。预见式行动研究的这一独特性在于层层深入解构不足背后的原因，重构多元对策并优选，其方案是在实施中生成并不断改进的，而不像一般的行动研究的方案一开始就是确定的。

综上所述，国内外关于学生培养的要求都强调学生要创新。在倡导人与文化统一、课程与学习者同一的当代社会，课程应该要促进学生创生并

---

① 宋虎平．行动研究［M］．北京：教育科学出版社，2003：52.

践行知识，从而优化生命（即"创化"）。国内外学者做了大量关于课程开发的研究，涉及诸多方面，颇有理论和实践价值。但已有研究没有提出开发创新性课程的模式，已有课程开发模式难以开发出满足"创化"需求的课程。本研究以"教育与课程文化哲学专题研究"课程为案例，探究"预见式行动研究是否适合自主管理课程开发"，力求将经验提升到理论层面，建构在当代社会适合开发满足"创化"需求的课程的模式。

第三章　理论洞察：自主管理课程开发符合理据[①]

《礼记·中庸》曰：凡事豫则立，不豫则废。"课程领导者应积极地关注未来。"[②] 课程开发分课程规划、课程实施和课程评价三个阶段，预见式行动研究是面向未来的行动研究新范式，凸显"预见性"和"创生性"，能更长效地规划未来和建构未来，因而能更好地进行课程开发。顺应哲学、心理学、教育学和课程论的四个转向，我们选择预见式行动研究自主管理课程开发，以提升学习者的预见性和创生性等。

第一节　哲学理据：哲学本体论转向过程

哲学已经影响了课程的每个重大决策，将来仍是每个重大决策的依据。[③] 从柏拉图到休谟，传统的哲学本体论已深陷以"静态性、平面性和主客二元对立"为主要观点的实体论泥潭。直至怀特海提出机体哲学（philosophy of organism）/过程哲学（process philosophy），哲学本体论才第一次正视"动态"与"发展"。诚然，与实体本体论相比而言，过程本体论充分肯定用"过程"的方式来探究世界与实存的本源是可行的。[④] 因为，现实世界是一个变化、生成的过程世界，"实在的本质是在过程中生成的"，"与事物的实体性、静态性、恒定性相比，其过程性、动态性、关系

---

① 本部分第一、三、四节内容在我与苏雄武、杨玉浩合作的论文《预见式行动研究：研究生课程开发的路径选择》的基础上略加修改而成，该论文已发表于《教育理论与实践》2017 年第 3 期。

② 威尔斯，邦迪. 课程开发：实践指南［M］. 徐学福，陈静，译. 北京：中国轻工业出版社，2007：314.

③ 黄甫全. 现代课程与教学论：第三版［M］. 北京：人民教育出版社，2014：3 - 13.

④ 蔡泽俊，左璜，黄甫全. 预见式行动研究：一种面向未来的行动研究新范式［J］. 电化教育研究，2012（2）：28.

性、转变性、发展性特质具有更为优先性的品格"，与此呼应，已有研究表明，"囚禁于实体性思维方式的传统课程论研究"，因其无法根治的实体性、预成性和二元性的症结，长期以来遭受课程理论和实践的诟病，陷入严峻的合法化危机。因此，课程论研究需要寻求新的哲学，而"奠基于近现代自然科学最新研究成果之上，并被视为当代建设性后现代主义哲学重要理论渊源的怀特海过程哲学"，满足了这一需要，使课程论研究得以打破实体性思维的束缚，超越孤立、静态式研究理路的羁绊，走向联系、立体式的过程性视野，这样，课程就不再是一个早被预设的实体，而是一个过程，一个不断走向新颖性的创造性存在。①

伴随着哲学本体论的过程转向，预见式行动研究汲取了过程哲学的新理念，兴起于行动研究与未来研究的汇流之中。预见式行动研究是一个始终面向未来，边行动、边研究以变革现实、创建未来的不终结的过程。课程开发是课程规划、课程实施和课程评价循环往复的过程。课程是时代的产物，总是与时俱进的，② 选择预见式行动研究这种"融入了当代最新哲学思想的研究文化"③ 来自主管理课程开发，能保障课程"与时俱进"。

预见式行动研究是一种始终面向未来的行动研究新范式，能更长远地规划未来，是一个反复改进、动态发展的循环过程。"基于过程本体论，预见式行动研究始终坚信，在行动之前不存在一个先有的认识主体，所有主体的自我必须在研究过程中才能产生"，④ 因而师生等所有利益相关者都要投身于课程开发的研究过程中。

顺应"哲学本体论转向过程"，我们选择注重"创造性和过程性"的预见式行动研究自主管理课程开发，更便于在行动和研究融为一体的循环过程中整合师生等多个主体的反思改进课程，使课程更具有生成性，更动态地满足学生的发展需求，更利于提升学生的创造性。⑤

---

① 靳玉乐，王洪席. 基于过程哲学的课程论研究 [J]. 教育理论与实践，2011 (22)：40 - 43.

② OLIVE P F. Developing the curriculum (7th Ed.) [M]. Boston：Pearson∕Allyn and Bacon, 2009：26 - 38.

③ 蔡泽俊，左璜，黄甫全. 预见式行动研究：一种面向未来的行动研究新范式 [J]. 电化教育研究，2012 (2)：29.

④ 蔡泽俊，左璜，黄甫全. 预见式行动研究：一种面向未来的行动研究新范式 [J]. 电化教育研究，2012 (2)：29.

⑤ 邓永超，苏雄武，杨玉浩. 预见式行动研究：研究生课程开发的路径选择 [J]. 教育理论与实践，2017 (3)：3 - 5.

第二节 心理学理据：心理学转向对话

心理学的转向与哲学的变革密切相关。西方哲学从柏拉图、黑格尔到伽达默尔经历了对话、独白到对话三个阶段：柏拉图秉承了苏格拉底的对话传统；黑格尔将理性的地位规定得至高无上；伽达默尔则将主客体统一起来，消除了二分法模式，使主客体的关系从两极走向中介。① 受此影响，心理学也进行了相应的转向。"独白"是旁若无人的自言自语，"对话"则是谈话双方的互动式交流。在独白式的心理学研究中，主客体的关系是"我"与"你"的关系。科学主义心理学中的"我""你"是分裂的两极，分别处于话语的独白状态。"这种独白的研究范式最后造成了科学实证主义的心理学与现实生活脱节，严重缺乏现实性与真实性。"实际上，"我与你"的关系是一种对话交往关系。事实上，科学与常识并不是割裂的，所有心理学家在他们的科学思考中均运用常识的观念。但是，心理学家这样做的时候，通常并不分析和使它们明确化。科学是常识的继续，常识判断构成了生活，知识判断解释了生活，两者密不可分。因此，两种独白话语形态的心理学整合为"我与你"对话的心理学。独白的心理学研究转向了对话。在"我与你"的对话式心理学研究中，"我—你"关系既不是"人—物"的关系，也不是"人—人"的单向度关系，而是主体与客体之间的平等和相互开放的关系。②

课程开发的主体有教师、学生、管理部门及用人单位等，这些主体之间需要平等对话。从身心发展来看，学生具备并需要不断提升与其他主体对话的能力。恰好，预见式行动研究中参与者广泛，可能会带来不同群体之间、不同个体之间、不同认识论和价值观之间的碰撞与交流，也许存在认识间距，预见式行动研究强调通过对话达成共识，还强调"所有行动者都是平等参与的，每个人的观点都要尊重"，③ "对话处于预见式行动研究

---

① 周宁．"独白"的心理学与"对话"的心理学［J］．西北师大学报（社会科学版），2002（6）：119-123．

② 周宁．独白的心理学与对话的心理学——心理学的两种话语形态［D］．长春：吉林大学，2004．

③ 邓永超，黄甫全．原因层次分析法：预见式行动研究的有效方法［J］．电化教育研究，2014（6）：25．

的中心"，[①] 这也证明预见式行动研究适合用于课程开发，整合尽可能多主体的观点。选择注重对话的预见式行动研究自主管理课程开发，顺应了心理学的对话转向。

预见式行动研究采用颇具代表性的研究方法——"对话未来法"实现对话。预见式行动研究强调过去、现在和未来是互为因果的，在对话未来的过程中始终要反思过去和立足现在，才能更好地预见未来。平等的对话是创设新的未来图景的有效方式，对话不仅仅是一种单纯的交往活动，而且升华为一种有效的达成共识、展开研究的方法。应用"对话未来法"能更多地吸纳利益相关者的观点，能更好地吸取过去的经验教训，更切合现实需求，更长远地预见并创建未来。

顺应"心理学转向对话"，我们选择注重"平等对话未来"的预见式行动研究自主管理课程开发，能更多地吸纳行动者平等参与课程开发，更好地融合多元观点，更有效地促使多个课程开发主体在始终"对话未来"的"过程"中协同进行课程规划、课程实施和课程评价。

第三节　教育学理据：教育转向生活

苏格拉底、柏拉图代表的古典教育以"教育即回忆"为基本形式，以对美好事物的追求为基本内容，倡导超越日常生活世界。从夸美纽斯提出教学论是把一切知识教给一切人的艺术，到卢梭对儿童的发现，到斯宾塞的教育是为未来完满生活做准备，再到杜威的"教育即生活"，现代教育发展的过程是从古典教育的超越日常生活世界转向了成人生活、再转向了儿童生活的过程，是教育充分实现生活取向的过程。[②] 杜威针对当时美国教育中脱离儿童生活经验和进行知识灌输的现状提出了"做中学"的教育理论。他认为，教师应将知识的获取置于真正具有教育意义和学生真正感兴趣的活动中，使学生从探究性的行动中发现世界的真相，让学生"从活动中学""从经验中学"，注重经验学习的价值，让学生成为"做"的主

---

① 蔡泽俊，左璜，黄甫全. 预见式行动研究：一种面向未来的行动研究新范式 [J]. 电化教育研究，2012（2）：31.

② 刘铁芳. 从苏格拉底到杜威：教育的生活转向与现代教育的完成 [J]. 北京大学教育评论，2010（2）：91.

体，成为学习的主人。① 作为杜威的学生，陶行知怀着改造社会之心，立足中国的社会现实，提出了"生活即教育"的主张，指出"是生活就是教育，是好的生活就是好的教育"。②

"教育转向生活"倡导"做中学"，倡导"教育与生活统一起来"。课程实际上是由教师、学生等开发者，以及内容与环境等构成的特殊生活，课程开发应该联系生活。在当今日新月异的知识经济社会，学生尤其要立足前沿，创造未来社会所需要的知识，应"从活动中学""从经验中学"，成为"做"的主体。预见式行动研究恰好是一种让参与者"做中学""从经验中学"的"活动"，让学生在面向未来的"行动"中"研究"，"成为知识的探索者和创造者"。预见式行动研究是基于整体主义哲学的，强调研究问题时要把多种相关因素统一起来，整体地思考构成系统的各要素过去、现在和未来的相互影响，强调尽可能多地动员利益相关者形成共同体，将研究与行动、学习与生活统一起来，知行合一、学以致用。置身于当今的地球村，尤其要培养学生的整体主义研究素养，就是要学生联系生活，通过训练和实践去获得整体地思考和研究问题的技巧或能力，形成整体主义的思维方式和行为方式。学生将学研内容应用于生活，能更好地感悟学研内容，更利于创新知识。基于整体主义哲学的预见式行动研究正好能满足学生投身生活实践，提升整体主义研究素养的诉求，适合并且能够将"教育与生活统一起来"，顺应了教育的生活转向。

预见式行动研究强调在整个循环研究、行动和学习的过程中要学思结合，在面向未来结合生活实际制订计划后要予以实施并不断反思改进，以提升行动质量和实践效果。学生需要兼顾学习和生活，教师可凭借自己的凝聚力让学生形成"传帮带"的学研共同体，互相促进，将学习和生活统一起来。有些在职学生，难以平衡好工作和学习生活，要引导他们结合自己的职业生涯规划选取适切的研究主题，要让他们认识到学习与工作有相通之处，尤其在终身学习社会，要在工作中学习，将学习所得应用到工作中。有些学生后悔攻读博士学位，认为没有时间教育孩子，可以用预见式行动研究引导学生合理规划好学习和家庭生活等，鼓励学生以自己的学习

---

① 袁燕华. 多元互动英语教师校本教育模式：理论与实践 [D]. 上海：上海外国语大学，2013：62.

② 卫晓萍. 在生活中成长——幼儿生活教育的实践与研究 [J]. 教育发展研究，2010（20）：25.

带动孩子的学习，与家人互相支持。有些学生对未来生活迷茫，要引导他们用原因层次分析法反思和认识自己，进行职业生涯规划，有预见性地多学习与未来职业相关的内容。有些学生不能应用所学知识，对此可以开展体验式教学，将教育教学与社会生活实践统一起来，引导学生知行统一，把所学知识应用到生活中，培养出具有学者人格的学生。教师要指导学生面向未来生活选取专题"做中学"，教师也是学研共同体的一员，基于整体主义，与学生共同开展科研和践行学研内容，有利于教师将教学和科研统一起来，将教学专业发展和学科专业发展统一起来。

顺应"教育转向生活"，我们选择注重"教育面向未来生活实际"的预见式行动研究自主管理课程开发，能促进师生选择未来有发展前景的专题，在"做中学"的实践中创新并践行知识，更利于学习者适应未来生活，有助于学习者将教育与生活统一起来，也有助于师生把学习和生活统一起来。

第四节　课程论理据：课程转向学习

课程经历了古代的原始"学习化"课程到现代的"教授化"课程，目前正在转向新的当代"学习化"课程。"教授化"课程过于强调教师的支配作用，形成了教师中心、课堂中心和课本中心，造成了学生的片面发展和被动应付，导致了学生发展的畸形化。针对"教授化"课程的弊端，"学习化"课程（curriculum for learning）应运而生，建构起了新的三中心：在课程与教学要素结构中，学生是中心；在教学过程的组织上，活动是中心；在教育内容的范围上，经验是中心。这三中心归结为一点就是以学生的学习为中心。① 学习是学生的生命存在及其活动的特殊的生命本性和潜能。学习化课程具有广泛的开放性，对学习者开放、对社会文化开放、对每个人终身开放、对全世界开放。学习化课程的价值观，在主体结构上以学习者为本，即以满足学习者的学习需要为根本价值取向；在空间维度上，以文化的传播与创新为本，即超越课程的文化选择本位的价值观念，把文化的传播和创新价值置于支配地位；在时间维度上，面向未来，即把

---

① 黄甫全. 学习化课程刍论：文化哲学的观点［J］. 北京大学教育评论，2003（4）：92.

培养未来价值选择能力的教育置于首位。①

如前文所述，开创预见式行动研究的伊纳亚图拉和史蒂文森把预见式行动研究与预见式行动学习等同指称。其他学者如迪克（Dick，B.）② 和李斯特（List，D.）③ 等也将预见式行动学习与预见式行动研究，行动研究与行动学习并列或混合使用，不做区分。我国学者黄甫全教授也指出，"行动研究首先是行动学习，要学习已有的实践知识，建设学习型社会，创建学习共同体"。④ 学生是课程开发的主体之一，自己的学习也是研究和开发的内容，学生要对自己的学习进行预见式行动研究。知识经济时代，学生的学习尤为凸显研究性，是一种研究性学习，学习就是研究，研究是在学习他人知识的基础上进行的，研究要通过学习才能实现，学习和研究是融为一体的，对自己的学习进行预见式行动研究也就是要进行预见式行动学习。课程的生成和发展根本在于满足人的学习本性和潜能，课程就是人的学习生命存在及其优化活动，⑤ 因而课程开发要满足学习者的需求。选择预见式行动研究自主管理课程开发，师生面向未来进行预见式行动学习/研究，课程能更好地满足学习需求，正好响应了当代课程改革转向开发"学习化"课程的召唤。

基于预见式行动研究/学习开发学习化课程要从学习需求出发，用预见式行动研究预测学生和未来社会的需要，促进课程动态满足学习需求。教师作为课程开发者之一，要对学生的学习进行预见式行动研究，用原因层次分析法分析学生当前的学习困难并预见其可能会遭遇的困难，要尽早帮助学生解决学习困难。学生一方面要参与课程开发，另一方面要"面向未来"选择前沿主题，开展预见式行动学习，这样能使课程内容更具有前沿性和新颖性，更利于提升学生敏锐把握前沿动态的能力。学生进行预见式行动学习，可结合职业生涯规划等选择研究专题，要根据自己的实际情况制订并调整学研计划，要在进行研究性学习的过程中经常用原因层次分析法反思不足，要在共同体中交流成功经验和失败教训，以便互帮互助、

---

① 黄甫全. 略论新世纪学习化课程的特征和形态［J］. 教学与管理，2001（7）：6-10.

② DICK B. Action research literature 2004-2006 themes and trends［J］. Action Research，2006，4（4）：439-458.

③ LIST D. Action research cycles for multiple futures perspectives［J］. Futures，2006，38（6）：673-684.

④ 引自华南师范大学黄甫全教授给研究生上"教育科研方法"课程的讲义.

⑤ 黄甫全. 学习化课程刍论：文化哲学的观点［J］. 北京大学教育评论，2003（4）：90-94.

共同进步。

顺应"课程转向学习"的趋势，我们选择注重"开展预见式行动学习"的预见式行动研究自主管理课程开发，便于师生等用原因层次分析法解决学习困难和不足，立足前沿创新知识，更利于提升学生的预见能力、反思能力、实践能力、合作能力和创造能力等，能使课程更动态地满足学习需求。

综上所述，顺应哲学本体论转向过程、心理学转向对话、教育转向生活以及课程转向学习的趋势，我们选择预见式行动研究这一新方法开发与之匹配的创新性课程。课程开发先要进行"课程规划"，注重面向未来的预见式行动研究能更长远地预见和规划未来。进行课程规划后，要在课程实施和评价的行动中不断研究、反思和改进，预见式行动研究刚好能将预见、规划、行动、研究、反思、评价和改进等融为一体。教师和学生等"需要"并且"能够"在预见式行动研究/学习的合作活动中不断提升研究、预见、反思和创造等能力。创生性的预见式行动研究适合开发创生性的课程，培养出创新能力强、知行统一的学生。

第四章　案例验证：自主管理课程开发卓有成效

哲学本体论转向过程、心理学转向对话、教育转向生活、课程转向学习都佐证了基于预见式行动研究自主管理课程开发符合理据。那么，如何基于预见式行动研究自主管理课程开发呢？本书以 H 大学开发"教育与课程文化哲学专题研究"课程为案例来探索。

第一节　案例展示：循环研究

我们进行两轮预见式行动研究来开发"教育与课程文化哲学专题研究"课程，师生等利益相关者运用预见式行动研究的方法来预见并解决学生在专题研究中遭遇的学习困难，促进学生创生并践行知识，努力提升整体主义研究方法论素养。

一、第一轮预见式行动研究

第一轮预见式行动研究的主要目标是分析、设计和试验"教育与课程文化哲学专题研究"课的课程哲学、课程目标、课程内容、教学方法、评价反馈和课程管理这六要素。首先师生合作规划六要素，然后在课程实施与课程评价的进程中改进这六要素。开发该课程的"行动"与开发该课程进行预见式行动研究的"研究"融为一体，主要步骤包括：

（一）预见未来

先用《第一轮预见式行动研究开始时的调查》实施调查，引导学生用原因层次分析法反思自己在进行专题研究过程中遭遇学习困难的原因，提出自己在"教育与课程文化哲学专题研究"课程中可用的长效对策，了解学生对该课程规划的设想等。多个课程开发主体（包括师生）协同预见未来社会的发展趋势和对学生的培养要求，结合学生的职业生涯规划等，合作开发课程目标，预见学生通过该课程学习要达到的阶梯型目标。

　　基于 Q 老师多年来带学生开展科研的经验和学生们在另外的专题研究课程中的体会，以及相关研究文献，师生等研讨后，把该课程开展专题研究的过程分为选题、文献综述、专题论文、开题报告等主要环节，文献查阅在多个环节都需要。用问卷调查了解学生们在这些方面希望该课程突出的内容，结果如表 4－1 所示：

表 4－1　学生希望"教育与课程文化哲学专题研究"课程突出的内容

类别	希望该课程突出的内容
选题等	1. 本学科最新的研究动态，以及一些刚兴起的研究的介绍。 2. 多讲解课程与教学方面的热点选题。 3. 具体学科背景下课程与教学的最新研究。 4. 如何判定所做选题是否前沿和有价值？ 5. 如何用一种视角来观照材料，比如整体主义视角下的评课。
文献查阅等	1. 管理文献软件的使用。 2. 对自己的资料库如何进行归类整理。 3. 多介绍些关于外文查阅的知识、方法和技巧等。 4. 最核心、最有价值文献的评定标准。 5. 如何针对具体主题深入挖掘。 6. 文献查阅定位核心文献的技巧。 7. 如何筛选 SSCI 文献？ 8. 怎样对文献的价值、可靠性等作出判断？ 9. 阅读英文文献的技巧，获取关键信息的技巧。
文献综述等	1. 希望老师多提供文献综述的范文。 2. 文献综述的框架结构，以及具体每一部分的撰写需要注意的事项。 3. 多结合优秀的论文讲解文献综述的思路。 4. 有效阅读文献的方法。 5. 完整、系统讲解如何做综述。

（续上表）

类别	希望该课程突出的内容
专题论文撰写等	1. 训练文章撰写的逻辑性。 2. 如何挖掘专题的理论基础，以防出现"两层皮"。 3. 多结合优秀的论文讲解标题提炼、结构层次、逻辑等方面的知识、方法和技巧等。 4. 从所阅读的文献中有效提炼专题论文标题、结构框架、逻辑等的策略、技巧。 5. 文章框架的搭建。 6. 如何确定论文要从几方面去写，如何写出自己的新意，而不是人云亦云。
其他方面	1. 有关理论基础以及研究视角的搜寻。 2. 希望能结合优秀的学位论文指导。

（二）研究规划

　　根据前面的"预见未来"环节调查的结果，课程开发主体规划课程方案，"合作开发"课程哲学、课程目标、课程内容、教学方法、评价反馈和课程管理这六要素。学生自主开发课程内容，根据自己的兴趣、特长和职业生涯规划等，制订预见式行动学习的计划，结合自己的学位论文选择三个专题，一个是课程与教学研究的前沿主题文献综述，另外两个是读书报告（与前沿主题相匹配的具体研究方法和方法论基础理论），撰写三个选题设计。① 也可以先选择某种前沿（新兴）方法论或研究方法做文献综述，之后（或同时）选择适宜用该方法（论）的前沿主题。文献综述研究主题必须是国内外前沿主题，最好先做英文 SSCI 文献。

　　师生等根据未来社会需求、创新性人才培养要求，结合学生们希望"教育与课程文化哲学专题研究"课程突出的内容，合作规划课程六要素，提出初步的弹性课程方案（见表 4 - 2）。

---

　　① 学生做选题设计，能使研究更具有可行性，便于教师判断和提出具体的建议，能增强学生的计划能力、预见能力和选题能力等。

表4-2 "教育与课程文化哲学专题研究"课程的初步方案

该课程的要素	课程方案
课程哲学	文化哲学
课程目标	创生并践行知识
课程内容	关注学科前沿并围绕学生的专题研究拓展课程内容
教学方法	原因层次分析法、课语整合式学习、文化学习、知识创造学习
评价反馈	学习化评价
课程管理	网络化合作活动学习①

（三）行动实施

师生等合作进行课程实施，实施上一个环节规划好的课程方案，开展网络化合作活动学习。学生自主开发课程内容，先对前沿主题进行文献综述，根据自己的学力和时间，可以同时或稍后进行其他专题，在预见式行动学习中不断改进预期目标，并不断反思从而完善自己。课堂上师生合作开发课程内容，分享并点评选题设计或文献综述，分享选题设计或文献综述的学生自主开发课程内容，参考《课堂分享的引导性日志提纲》反思自己的学研过程，教师开发课程内容，引领学生对相关主题的优秀论文进行"静态解析"和"动态解析"。② 同时，Q老师和笔者合作开发评价反馈，根据每节课分享学习的内容让学生撰写相应的引导性日志，进行互评和提建议，以促进学生互相帮助攻克学习难关。根据学生的引导性日志，分析学生处于哪个学习阶段（由低到高依次为刺激反应、接受学习、意义学习和建构主义学习③），用原因层次分析法帮助学生分析原因，并提出对策，促进学生解决学习困难，不断提升学习阶段。

该课程要创新知识，需要用原因层次分析法消解思维定式和陈旧观念等。Q老师和笔者合作开发评价反馈，设计了《日常的引导性日志提纲》，引导学生用原因层次分析法自主反思。Q老师和笔者还按照表1-1"原因层次分析法分析学生的学习困难"的研究设计，帮助学生用原因层次分析

---

① 参见附录8《"网络化合作活动学习"规划》。

② 参见文献综述部分介绍的静态解析和动态解析。引自田也壮，杨洋. 博士研究生学术文献范例教学的解析方法［J］. 学位与研究生教育，2011（2）：31-35.

③ 根据华南师范大学黄甫全教授给研究生上"教育科研方法"课程的讲义做此划分。

法对应分析学习困难的成因，见表4-3。

表4-3　学生学习困难一览表

对应表1-1的原因层次分析法的立体四层	对应表1-1的研究方法/手段	解构困难成因	重构长效对策
现象/陈述层	作品分析法、音像描述分析法、引导性日志、问卷调查法	遇到学习困难，作品质量提高较慢	向共同体求教，坚定信心攻克难关
		难以找到适切于研究主题的研究方法	做研究主题的文献综述，找到适切的方法，或者做研究方法的文献综述，找到适切的主题
客观原因/制度/社会原因层	学生培养制度分析，教师日志，研究者反思，学生反思	Q老师反思由于学生太多，不够了解学生，有时的学研建议不一定适合学生	Q老师提醒学生要根据自身实际灵活采纳建议，主动与老师多沟通
		有些学生是在职读书，还要兼顾家庭事务，学研时间不够	认识到做人和做学问一体化，取得家人和同事帮助，兼顾好工作和学习，利用零星时间抓紧学习，提高学习和工作效率
理性/话语/世界观/逻辑层	作品分析法、音像描述分析法、哲学反思	受已有经验和习惯束缚，接受新知识太慢	先悬置不正确的经验和习惯，学习新知，再与旧知同化
		较难创新，受思维定式的影响，不自觉地按原有思路行事	要创新知识，必须消解形成思维定式的逻辑支点，彻底解构支点，形成新的正确的逻辑支点

（续上表）

对应表1–1的原因层次分析法的立体四层	对应表1–1的研究方法/手段	解构困难成因	重构长效对策
感性/比喻/隐喻/情绪/无意识层	音像描述分析法、引导性日志、消解不良情绪	Q老师反思自己有时对学生期望太高，提的要求太高，给学生压力太大，可能引起学生焦虑，使学生丧失信心	Q老师在课堂上讲清楚，自己提的是阶梯型目标和要求，学生可视学力而定。可把目标分解成短长期目标分步骤去达成，学习既要迎难而上，又要心态平和
		要立足前沿，还要创生知识，很有难度，有些泄气、畏难	通过优秀生成功经验的分享、老师的鼓励和共同体的互相帮助解决学习困难

Q老师和笔者用表4–3对照表1–1，利用原因层次分析法，用引导性日志、问卷调查法、作品分析法和音像描述分析法等方法分析学生存在学习困难的成因。如2013年10月26日，Q老师通过分析某学生的作品，发现该生在方法论训练进入深层阶段时存在无意识的逃避苗头。Q老师在其论文的阅后语中及时提醒和鼓励该生：

"拓展"的意识与功夫值得肯定！但是，相比之下"深化"的意识和功夫就显得逊色了，甚至有逃避"深化挑战"的苗头！所以，当务之急是面对、迎接并战胜方法论训练过程中的"深化挑战"！建议：

一、必须敢于承认和面对自己在此之前三次递交作业后，借口"拓展"和"具体化"而逃避方法论训练中的"深化挑战"的意识或下意识行为，尽管这种行为有"拓展"和"具体化"的努力、表现和进展！

该生在Q老师的鼓舞下用原因层次分析法积极反思自己的不足，在共同体的帮助下采取有效措施继续攻克学研最难关，最终取得胜利，研究能力得到了突破性进展，该生成功的经验也激励大家努力攻克难关。

（四）观察评价

利用屏幕录像软件和录像机拍摄课堂录像，全面收集学生的选题设计、文献综述、课堂分享反思等作品以及师生的引导性日志等，分析学生处于哪个学习阶段，有否提升学习阶段，帮助学生用原因层次分析法克服不足，用"第一轮预见式行动研究结束时的调查"收集学生对该课程规划的六要素和整个开发过程的评价和建议，整理系列研究工具和收集的资料，为下一步的反思改进奠定坚实基础。

为了不断优化"教育与课程文化哲学专题研究"课程，促进师生共同体的学研，2014 年 1 月 5 日，笔者自主开发评价反馈，收集了同学们对"教育与课程文化哲学专题研究"课程规划的评价和建议。为了让 Q 老师更详尽、深入地了解学生们实际的学习状态，在归类整理时，尽可能原汁原味地用学生的回答来表述，表 4 - 4 中括号里的为 Q 老师在课堂上的回应。

表 4 - 4　学生对"教育与课程文化哲学专题研究"课程的评价和建议

课程要素 原有规划	课程 评价和建议
课程哲学：文化哲学	1. 很明确、清楚，而且合理、科学、可行。 2. 提高教育教学理论水平，提升教学和科研水平，努力获得较高水平的科研成果。（我很喜欢文化哲学，对我很有用，也给大家分享）
课程目标：创生并践行知识	1. 目标明确，而且科学、可行。 2. 提升学生的教育研究素养，包括显性的知识，隐性的技能和态度等。 3. 努力弥补学生的不足，消解急功近利心态，改变自由散漫习惯，加强学研方法训练，培养学研意志品质。（能意识到这些很不错，说明自我反思有效）

自主管理课程开发的案例型预见式行动研究

（续上表）

课程要素 原有规划	课程 评价和建议
课程内容： 关注学科 前沿并围 绕学生的 专题研究 拓展课程 内容	1. 课程内容丰富，适合不同研究领域、不同年级学生之间的知识交流与共享。（这正是共同体的优势所在） 2. 将学生自主进行的网络化合作活动学习纳入该课程内容体系，放到网上的不只局限于反思日志，还可拓展至个人专题分享与请教、个人学习经验与疑惑。（这些是否放到网上看自愿，文稿等不适合放到网上，材料不成熟） 3. 一些同学希望学习的内容有：系统性文献综述、数据分析技术、文化哲学、语言哲学、哲学基础知识与方法论、文献研究和历史研究的区别与联系。（可以适当讲些，但学生的需求多样，这些主要靠自己去学，因为这些在不断发展，我讲的也只是我在材料中看到的） 4. 如何打通基础理论与专题的关系？（现在做专题文献综述和论文就是在"做中学"中沟通基础理论与专题。我越来越体会到杜威的"做中学"是要具体做的） 5. 希望多些师兄师姐分享经验，尤其是有关做研究的技巧与走过的弯路。（我每次请同学来分享自己的材料，都交代分享人要注意这些方面。有些同学分享得很好，但有些要反思出来可能比较难。我注重反思自己的学研经历和带学生的经验，所以我现在带学生更有思路） 6. 课程内容既因材施教，又高屋建瓴地传授教育理论，很好。 7. 专题研究部分，不限于一人选一个专题，可以两个人甚至三个人合作一个专题，这样可以更加密切同学之间的联系，使同学进步得更快。（建议不错，都可以，同学间可以协商合作） 8. 文献研究的方法，适合解决哪些研究问题？（适合解决研究的背景、基础、结果等等）

（续上表）

课程要素原有规划	课程评价和建议
教学方法：原因层次分析法、课语整合式学习、文化学习、知识创造学习	1. 教学方法与课程理念、目标和内容相适切。 2. 目前这种方法已经很好，不过还可以充分利用信息通信技术来提高我们的教学效率，比如可以尝试网络课堂，即有时大家不用来课室，通过视频在线就可以见到老师，听老师或者同学的分享。（我早就想这样，但我们要查找文献，回家不方便。校外用户查文献的效果不如在学校的好。另外，面对面互动交流有不可代替的作用） 3. 目前的分享方法挺好的，最好提前安排好学生轮流讲。每次主讲的同学可以制作关于专题论文或开题报告内容分享的微视频，并将配套 PPT、Word 文档等一同发给大家提前学习，大家记录收获、问题和建议，到了课堂便可以直接分享。而主讲同学在学研过程中的疑问、收获和给大家的建议等，则可以留到课堂上再分享。既节省时间，又可以深化理解和把握材料。（想法很好，但有时不现实。因为分享的同学没有更多时间做微视频，能把经验分享传递就很不错了。更重要的是，在现场交流中，要用头脑风暴法几分钟内把他人分享的精华抓住。学术界搞研讨会，就是用头脑风暴法，快速领会他人的精华） 4. 理论传授结合案例教学的方法非常好，对我很有帮助。 5. 教师讲授＋学生自主合作学习，这样就很好。
评价反馈：学习化评价	1. 评价上可增强学生评价环节，可增加"跨级同伴互助学习"作为学生互评，建议以学生自我评价为主。（我现在做的就包含生生评价，只是有时候没有明说。下周分享的同学的"学本评估"文献综述会涉及这些） 2. 分享的同学介绍自己个人的学习环境和过程，让自己与别人看清整个学习过程，从而方便分享与请教。（建议不错，不过，分享要讲得太详细，时间不够，而且需求不一。有不清楚的可以单独请教分享者） 3. 学生每节课后选择自己特别有收获、感兴趣或者有想法的某个点，写出自己的所思所想所得。（很好，要在几分钟内迅速写下精髓，训练自己的快速提炼能力）

（续上表）

课程要素 原有规划	课程 评价和建议
课程管理： 网络化合 作活动 学习	1. 实施教师引导下的学生为主体的网络化合作活动学习，即增加学生们课下的合作、互动与分享；上课时教师重在专题式引导，就像目前的学生汇报专题、文化哲学专题和前沿研究专题等，课堂上留部分时间给学生"自主分享"。（现在我们就是这样做，努力去完善） 2. 学习可分小组进行，形成小组学研共同体，进而形成全班学研共同体。师生学研共同体增强了我们的团队精神和协作能力。（可以分组，网络化合作活动学习倡导分组） 3. 建议学生之间建立更加紧密的学研共同体。（同学们要更多相互帮助）
其他方面	1. 能否在课堂中添加社会生活中与教育相关的最新时政热点问题，增强我们的时代责任感？（可以，但需求不一，这个主要自己看） 2. 希望更具体讲一些创新知识的策略和手段，同学之间也可以相互分享。

（五）反思改进

在观察评价的基础上，对照课程规划和课程实施的结果，师生等合作开发评价反馈，全面反思该课程开发的行动和对此行动进行的预见式行动研究，结合作品分析法、音像描述分析法和引导性日志等对课程开发行动和研究存在的问题进行原因层次分析，提出对策，将表4-4学生们所提的建议投入下一轮实践中。在第一轮预见式行动研究结束时，笔者用表4-5调查了解同学们素养有何提高及有什么需求。

表4-5 至第一轮预见式行动研究结束时有何提高和需求

现在与2013年9月相比，您在以下方面有何提高？希望老师和同学帮助什么？

类别	已经提高的素养	希望老师和同学帮助的
选题		
文献查阅		
文献综述		
专题论文		

笔者自主开发课程管理，反思研究工具及开展的预见式行动研究实践，以便改进预见式行动研究方案用于第二轮的实践：

（1）对于了解同学们在选题、文献查阅等方面的学习需求的调查，开始设计时第一轮和第二轮全部一样，后面考虑到随着时间的推移，选题已经确定，较少有关于选题方面的疑惑，第一轮预见式行动研究结束后，大部分学生文献综述已经完成，致力于提炼专题论文，所以修改最初的调查设计，改成第一轮侧重选题、文献查阅、文献综述和专题论文，第二轮侧重文献查阅、文献综述和专题论文等。

（2）为了调查同学们的学习需求和建议，最开始写"请大家放心填写自己的学习困难和建议"，有些学生写"没有困难"，笔者反思自己表述不妥，有些学生可能确实没有困难，有些可能看到"困难"二字会产生无意识的抵触情绪。所以，笔者修订了《学习需求和建议日常调查》，将"困难"都改成"需求"。

二、第二轮预见式行动研究

第二轮预见式行动研究是在第一轮的基础上的提高和改进。第二轮的主要目标是既改进"教育与课程文化哲学专题研究"课程规划的六要素，也改进整个开发过程，并预见学生在预见式行动学习中遭遇的学习困难，采取措施帮助学生解决困难。

（一）建构未来

学生自主开发个人课程目标，在对自己第一轮预见式行动学习的情况进行总结反思和改进的基础上，规划第二轮预见式行动学习，建构自己的未来发展路径。教师和笔者合作开发课程目标，根据学生的总结和规划，根据第一轮预见式行动研究中学生的学习情况预测学生学习发展未来会达到的目标及下一步可能遭遇的学习困难。教师和所有学生根据第一轮预见式行动研究"反思改进"环节的总结，预测"教育与课程文化哲学专题研究"课程下一步实施过程中可能存在的问题，修订该课程的六要素，根据学生的预见式行动学习计划，共同建构学生未来要达到的弹性目标供选择。

下面摘录部分学生在 2014 年 2 月对第一轮预见式行动研究的总结和对第二轮预见式行动研究的规划：

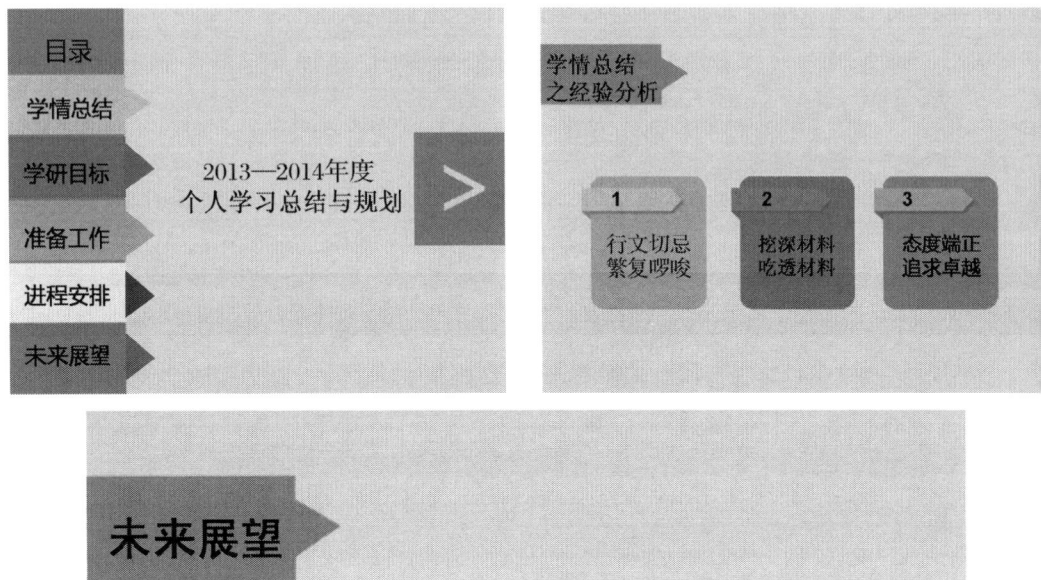

未来展望

（一）疑惑一

英文 *Improving the Research on Assessment in Early Childhood Education：A Systematic Review of Literature from China* 初步完稿，但结构非常粗糙，逻辑思路不太清晰，英文用词不够地道。这篇文稿是突出"我国学前教育评估研究取得了哪些成果或经验"，还是突出"我国使用评估提升学习的相关材料证据"？

（二）疑惑二

英文用词用句过于简单，这说明平时积累依然远远不够。希望大家能提出宝贵的英文论文写作的经验，比如推荐一些英文论文写作的参考书目或十分经典的英文文献。

（三）新学期方向

关于新学期的学研方向，学生拟抓紧"学习化评估"的专题，理清学习化评估（assessment as learning）的渊源、内涵特征和操作原理。教材编写工作只是"学习化评估"的敲门砖，其中无认知理论的最新进展和价值哲学的基本意蕴都需要再抓紧。

图 4－1　学生 S2 分享的 PPT 摘录

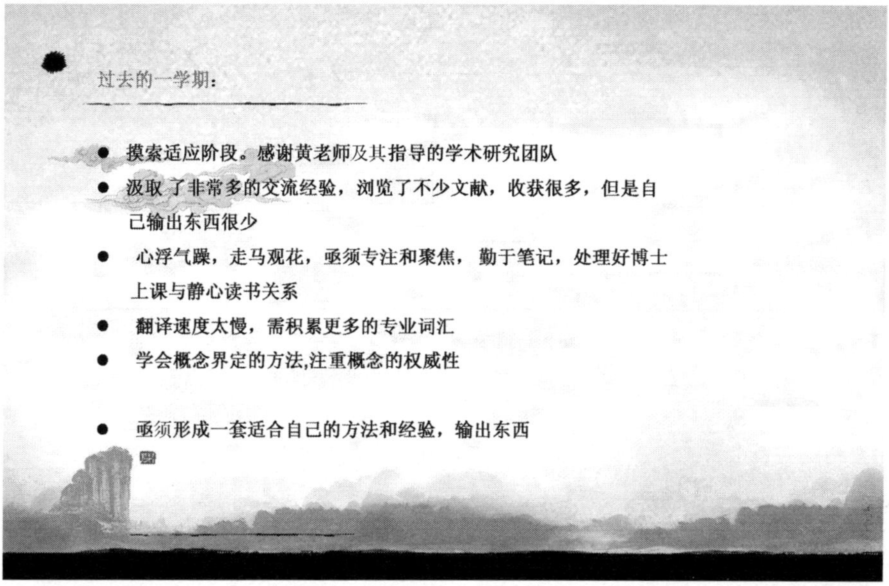

过去的一学期：

- 摸索适应阶段。感谢黄老师及其指导的学术研究团队
- 汲取了非常多的交流经验，浏览了不少文献，收获很多，但是自己输出东西很少
- 心浮气躁，走马观花，亟须专注和聚焦，勤于笔记，处理好博士上课与静心读书关系
- 翻译速度太慢，需积累更多的专业词汇
- 学会概念界定的方法，注重概念的权威性

- 亟须形成一套适合自己的方法和经验，输出东西

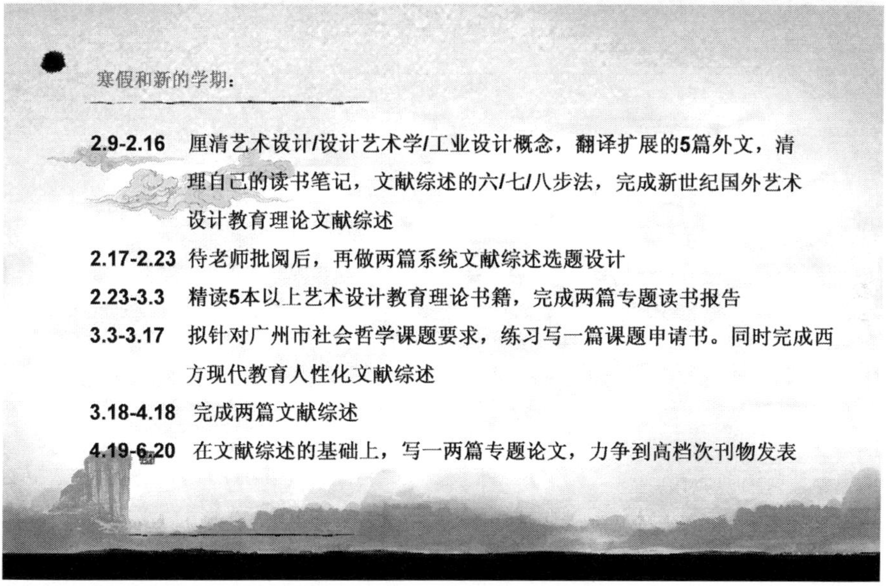

寒假和新的学期：

2.9-2.16 厘清艺术设计/设计艺术学/工业设计概念，翻译扩展的5篇外文，清理自己的读书笔记，文献综述的六/七/八步法，完成新世纪国外艺术设计教育理论文献综述

2.17-2.23 待老师批阅后，再做两篇系统文献综述选题设计

2.23-3.3 精读5本以上艺术设计教育理论书籍，完成两篇专题读书报告

3.3-3.17 拟针对广州市社会哲学课题要求，练习写一篇课题申请书。同时完成西方现代教育人性化文献综述

3.18-4.18 完成两篇文献综述

4.19-6.20 在文献综述的基础上，写一两篇专题论文，力争到高档次刊物发表

图 4 - 2　学生 S6 分享的 PPT 摘录

（二）研究规划

课程开发主体合作改进该课程方案，调整课程哲学、课程目标、课程内容、教学方法、评价反馈和课程管理这六要素和整个开发过程。学生"自主开发"课程管理，改进自己的选题设计，规划如何继续开展预见式行动学习，并根据自己的学习进度，自行制定论文撰写大纲、开题报告设计或修改文献综述设计，请组长或教师指点。笔者"自主开发"评价反馈，改进预见式行动研究方案和系列的研究工具。

2014 年 3 月 2 日，我们调查了学生们的学习需求，结果见表 4 - 6，Q 老师在课堂上进行了解释和回应（见括号中内容）。我们还收集了学生们对课程六要素的建议（见表 4 - 7）。

表 4 - 6　学生们的学习需求

您希望通过"教育与课程文化哲学专题研究"课程的学习，还提升哪些方面的素养？

类别	还需要提升的素养
文献查阅等	1. 数据库检索方法，中英文献查阅和整理存档的有效方法。（可以请教共同体，经常有同学分享） 2. 文献查阅和整理技能日有长进，最好有这方面比较熟练的人在课上跟我们分享。（分享的同学一般是这方面比较熟练和有经验的） 3. 对文献的时时更新查阅和整理还需修炼。（学习和创生性地应用我们开发的《"文献搜集"线索与技巧》等） 4. 提升了检索文献等一系列的能力，能搜集到尽可能多的相关文献，并能精准地从中找出重要的、有价值的文献，能快速阅读英文文献，梳理出自己需要的信息。

（续上表）

类别	还需要提升的素养
文献综述等	1. 系统性文献综述的梳理与撰写。（参考同学们的分享和我的资料包） 2. 如何从"摘抄文献"走向对文献的批判与建构？（先"摘抄文献"，我看后，再与你研讨下一步走向） 3. 文献综述如何确定题目？（自己确定题目，也可以请教共同体） 4. 文献综述的深度还有待继续提高。 5. 如何对文献综述有准确、深刻的认识，不死板，找到适合自己专题的文献综述方法和框架，而不是材料的罗列堆积。（先找到英文的文献，按照英文论文的八个部分去整理和挖掘，再做中文的文献综述，中英对比后，既可以写出材料新颖的文献研究式的专题论文去发表，又可以作为学位论文综述的组成部分。部分同学已有做文献建构的能力，可以去做） 6. 文献综述没有固定的格式，能多练习就好。 7. 如何撰写出高质量的文献综述，达到国内外高水平文献综述的水平？（见我们的资料包中的材料《关于文献综述的价值和方法》，首先是多练习）
专题论文撰写	1. 论文的前言、各部分的小引言、结尾及其他部分的行文，结构框架，文章内在逻辑方面还有待加强。 2. 如何提升写美文而不只是写一般论文的功夫？（要在写论文中修炼） 3. 能运用文化哲学的框架和思维来观照自己的论文，使论文结构合理、逻辑清晰。 4. 如何准确而高效地写论文？（没有准确而高效地写论文的捷径，要一步步坚持训练，积累到以后可能行） 5. 提笔写论文时，有哪些技巧，可以使自己的思路清晰，下次继续写的时候，不至于思路断掉，要重新开始？（先建构逻辑，再一鼓作气、一气呵成） 6. Word 编辑排版的技巧。（找书看"Word 入门指南"等，看他人文稿，也可以向共同体请教）

自主管理课程开发的案例型预见式行动研究

（续上表）

类别	还需要提升的素养
其他方面	1. 学研时间的合理安排是个重难点。（同学的分享中有时会涉及，也可请教共同体中有经验的人如何统筹安排） 2. 论文投稿方面的经验。（要按照刊物投稿要求规范投稿，有些要盲审，要把姓名等个人信息另放。论文题目很重要，要吸引编辑眼球） 3. 研究的每一方面的参考书单。 4. 口才需要锻炼，胆子要更大，要多请教老师。（先要动脑，才能表达出来。自己要多锻炼）

表4-7 对"教育与课程文化哲学专题研究"课程六要素的建议

现在与2014年1月比，您觉得该课程的六要素实施效果如何？还有何问题待改进？

课程要素	原有规划	实施效果	待改进之处
课程哲学	文化哲学	1. 文化哲学让我们向文而化，整体兼顾学习和生活，我受益匪浅。 2. 从理论到实践，通过师兄师姐们的论文得知如何建构与运用。 3. 对理论的理解深入，且能够较好地与自己的专题研究结合起来理解并应用。	运用合理的方式将教育学、心理学、社会学和哲学的知识联系到实际的教育教学过程中。
课程目标	创生并践行知识	1. 课程目标较为明确。 2. 多元弹性课程目标很好。 3. 在文化学习中创生并践行知识，很受益。 4. 基于整体主义选用某种方法论去探究与之匹配的前沿主题，并选用相匹配的资料收集和分析方法，形成整体主义的思维方式和行为方式。	1. 我能在文化学习中创生并践行知识，但还需提升。 2. 我的整体主义方法论意识还需加强。 3. 向文而化是终身修养的历程，希望在专题研究中创生适切的知识。

（续上表）

课程要素	原有规划	实施效果	待改进之处
课程内容	关注学科前沿并围绕学生的专题研究拓展课程内容	1. 课程内容新颖、丰富又成体系，很好。 2. 课程内容与专题研究密切相关，能动态满足我们这些学生的需求。 3. 同学分享的材料越来越精彩，越来越丰富。 4. 通过不同的专题研究分享，了解了很多当下最新的信息和知识，对于开阔自己的视野很有帮助。	1. 分享成果很重要，也请多展示起步和深入提炼阶段。 2. 多讲讲大家都需要的共同内容。 3. 请不同方面有经验的同学分享，我们从同学的分享中学习模仿，能促进自己的学研。
教学方法	原因层次分析法、课语整合式学习、文化学习、知识创造学习	1. 践行课语整合式学习方式很好。 2. 教学方法越来越丰富，以教师讲授为主，学生分享为辅。 3. 这些学习方法对于自己的学习非常有用，尤其是"五维三层六勤"①的应用，非常适合当下的学习。 4. 在进行课语整合式学习时，也尽量督促自己用"五维三层六勤"高级学研方法。 5. 理论结合案例很好，促进学以致用。 6. 在选择专题、制订计划、行动学习等方面践行所学的效果越来越好。	1. 我践行课语整合式学习还不够。 2. 原因层次分析法消解思维定式和畏难情绪对我有难度，希望能更多结合案例分析。 3. 我用原因层次分析法消解了畏惧情绪，还需消解思维定式。
评价反馈	学习化评价	1. 自我评价、同伴互评、教师评价等结合起来很好。 2. 学习化评价，促进了学习，非常好。	1. 同学之间的相互反馈还可以更具体。 2. 由于所做的专题不同，同学之间很难给出较有针对性的反馈。

①　师生在开发该课程的过程中创生了"五维三层六勤"高级学研方法，并在教学中践行。具体内容参见附录9中的"作品一　'五维三层六勤'高级学研方法"。

（续上表）

课程要素	原有规划	实施效果	待改进之处
课程管理	网络化合作活动学习	1. 具体操作思路很清晰。 2. 在老师的指导下，在同学们的帮助下，能够按照这种预见式行动学习方式开展学研，效果还不错。 3. 课程管理和组织越来越科学，具有实效。	1. "师生共同体围绕专题交流经验，互提建议"有待加强。 2. 自主汇报机会较少。 3. 在反思方面有待改进。

Q 老师根据表 4－6 所示的学习需求和表 4－7 所示的对课程六要素的建议，结合学生们 2014 年 2 月在"预见未来"环节的总结和规划，根据第一轮预见式行动研究的反思，开发调整课程目标、课程内容和教学方法等。

（三）行动实施

师生按上一个环节改进的课程方案继续开展网络化合作活动学习。学生"自主开发"课程内容，在预见式行动学习中继续进行专题文献综述或撰写论文。课堂上师生分享并点评文献综述或专题论文。分享文献综述或论文的学生参考《课堂分享的引导性日志提纲》反思自己的学研过程。学生在教师指导下逐步学会对文稿进行"静态解析"和"动态解析"。同时，Q 老师和笔者根据每节课分享的内容让学生撰写相应的引导性日志，进行互评和提建议，以促进学生继续互相帮助以攻克学研难关。从第一轮预见式行动研究期间，Q 老师和笔者帮助学生用原因层次分析法分析学习困难的成因，到现在的第二轮逐渐由学生在研究工具指引下用原因层次分析法自主反思解决学习困难。自主反思引导语为：要创新和生产知识，需要改变思维定式、不良习惯和陈旧观念，消解畏难和焦虑情绪等，是否有这类思想或情绪等阻碍了您？您是如何解决的？有何效果？请用原因层次分析法从以下方面分析原因并指出对策和效果。下文摘录 2 位学生的自主反思，见表 4－8 和表 4－9：

表 4 - 8 学生 S3 应用原因层次分析法的自主反思

学研中存在的不足或困难：

1. 时间投入不足，一边工作一边读书没有足够的时间投入学研。

2. 教育学基本知识有待加强，特别是一些重要的理论和原理掌握不扎实。

3. 在研究方法上，有待进一步加强。

	具体原因	解决对策	有何收效
制度等客观原因	1. 主要是工作上的任务占用大量时间，感觉研究时间不足。 2. 基础较差，理论基础不扎实。	1. 改变自己的工作方法，在完成工作最低要求的情况下，尽量多抽出时间来学习。 2. 要系统、扎实地学理论。	对时间安排逐渐合理，学研时间逐渐充足。
思维定式、习惯或旧观念	以前的一些学习、工作、生活经验会对现在的学研产生干扰，容易产生想当然的想法，缺少学术上的规范。	悬置已有经验和知识，即使在联系已有经验和知识的时候也应通过逻辑的推演和验证，做到学术上的规范。	逐步改进中，能够消解思维定式。
心态，畏难、焦虑、不安或厌烦等情绪	当走了很多弯路，而且无成果的时候，在发表论文和写学位论文的压力下，会产生焦躁不安的情绪。	尽量调整心态，将注意力集中在学习和研究中，设定一些小的分阶段实现的目标，看着这些目标实现，能够缓解压力。	效果慢慢在显现。

表 4 - 9　学生 S7 应用原因层次分析法的自主反思

学研中存在的不足或困难：

一、客观方面：1. 理论素养缺乏。2. 横向思维很难相互交错融合。3. 方法论的训练不太充分。

二、主观方面：1. 存在畏难心理，找到一个点很难突破到面的层次，容易只见树木不见森林。2. 知识积累不够扎实。3. 文献分析能力和对学研工具掌握不够。

	具体原因	解决对策	有何收效
制度等客观原因	1. 自己的方法论训练得不太充分。 2. 践行学研内容不够。	认真学习课程中老师传授的方法论知识，并习读多方面关于方法论的书籍和相关文献。	学研过程中慢慢模仿，形成一个写作框架。
思维定式、习惯或旧观念	1. 纵向的理论高度和横向的思维宽度处于一种迷糊的状态。 2. 不自觉受习惯影响。	仔细听师兄师姐们做的学研报告，学习借鉴优秀的学研报告。	能够渐渐地找到重心从而有所突破。
心态，畏难、焦虑、不安或厌烦等情绪	1. 学习收获不大，心中焦虑。 2. 遇到太难的内容，不自觉地有畏难情绪。	1. 有时学习会有高原效应，平和心态对待收获，只要有进步就行。 2. 求其上，得其中，即可。	逐渐学会了辨析几个相近专业术语。

（四）观察评价

观察和整理用屏幕录像软件和录像机摄下的课堂录像，全面收集学生第二轮的文献综述、专题论文和课堂分享反思等作品以及师生的引导性日志等，与第一轮的学生作品和师生日志作纵向对比，分析学生是否提升学习阶段，让学生自主用原因层次分析法反思不足，不断提升学习阶段。还收集教师的批阅、学生的学习需求和成效等资料以便下一步验证基于预见式行动研究自主管理课程开发是否有效。

笔者又反思研究工具及开展的预见式行动研究，整理系列研究资料，为下一步的反思改进奠定基础：

（1）学生很忙，为了少占用他们的时间，在后面的调查中尽量精简研究工具，删掉一些可要可不要的问题，尽可能用通俗、简练的语言来表述。

（2）把偏难的题目去掉，以免既浪费同学们的时间，又收集不到需要的信息。如去掉最开始设计的第二轮预见式行动研究的最后一题，[①] 原因由研究者自己来提炼。

（五）反思预见

师生合作开发评价反馈，在比较两轮评价结果的基础上，用作品分析法、音像描述分析法和引导性日志对课程开发行动和预见式行动研究存在的问题进行原因层次分析，反思该课程开发的成功经验和不足之处，再次改进课程开发方案。根据两轮预见式行动研究中学生的学习情况，预见其下一步可能遭遇的学习困难，建构对策，并调查了解学生"至第二轮预见式行动研究结束时有何提高和需求"（见表 4 – 10），以便为该课程的下一步实施，为新一届学生参与该课程学习，为"教育研究方法"课程的优化提供参考。师生共同体还主动与其他开发主体合作，预见课程开发下一步发展和努力的方向。

表 4 – 10　至第二轮预见式行动研究结束时有何提高和需求

现在与 2014 年 1 月相比较，您在以下方面有何提高？希望老师和同学帮助什么？

类别	已经提高的素养	希望老师和同学帮助的
选题		
文献查阅		
文献综述		
专题论文		
开题报告		

经过两轮预见式行动研究的改进，师生等合作确定了"教育与课程文化哲学专题研究"课程的六要素，见表 4 – 11：

---

① 最后一题：以该课程为例，你觉得以后运用预见式行动研究开发博士课程要注意什么？运用预见性行动研究开发博士课程有何优势？

表4-11　改进后的"教育与课程文化哲学专题研究"课程的六要素

要素	经过两轮预见式行动研究改进后的结果
课程哲学	文化哲学
课程目标	多元阶梯型目标（达到一个或一个以上都可以）： 1. 向文而化 2. 创生知识 3. 在文化学习中创生并践行知识，实现人与文化的整合 4. 提升整体主义研究方法论素养
课程内容	夯实理论基础，关注学科前沿并围绕学生的专题研究拓展课程内容
教学方法	预见式行动学习、原因层次分析法、课语整合式学习、文化学习、知识创造学习、理论研习结合案例教学、"五维三层六勤"高级学研方法
评价反馈	学习化评价
课程管理	学生在预见式行动学习中自主管理，师生共同体互帮互助，开展网络化合作活动学习

第二节　三角验证：管理有效

　　我们在预见式行动研究实践中开发了"教育与课程文化哲学专题研究"课程，还需要评价自主管理课程开发是否有效，即通过学习活动是否创生了知识并践行学研内容从而优化了生命（每个人的基础和背景等不一样，达到的程度可能不一样）。下文用引导性日志、问卷调查法和作品分析法进行三角验证。

一、引导性日志验证自主管理有效

　　该课程特别注重让学生们在围绕某学生的分享进行研讨后撰写引导性日志，如果某节课没有学生分享则课后撰写日常的引导性日志，并分组上传日志到"课程分享网络平台"，以便促进共同体的学习交流。

（一）笔者成长提升

2013 年 11 月 10 日，Q 老师让某学生分享了"课语整合式学习"的论文初稿，并介绍了经验和体会。同学们进行研讨，提出了修改建议。课后，Q 老师让其他学生参考"五维三层六勤"高级学研方法，从"材料新颖精要"等五个维度进行评价，提出建议，并进行学、问、做三个层面的反思（"学"即从老师和同学身上所学到的；"问"即自己存在的问题及对策，文稿存在的问题及建议；"做"即如何把所学内容践行于实际的学习和生活中）。以表 4-12 笔者的引导性日志为例，通过案例研讨，我们既创生了知识，又践行了学研内容，学习很有成效。

表 4-12 关于论文分享的引导性日志

维度	论文题目	材料新颖精要	大小标题醒目	逻辑严密	层次清晰	文采飞扬
评价并建议	《课语整合式学习的教学方式》	论文的材料新颖、精要，论文作者阐述很具体、详尽和深入。	可能由于是初稿，论文的小标题还需提炼，使之更具有概括性。	逻辑较为严密。当然，学无止境，建议可以自己批判自己，边写边想着你如何说服读者和编辑。	层次较为清晰。摘要需修改，修改摘要的过程也是使自己的逻辑和层次更合理的过程。	可能由于是初稿，论文的行文还需雕琢。文字传情，可以学习论文《让学校成为学习的天堂——校本学习研究引论》。

自主管理课程开发的案例型预见式行动研究

（续上表）

维度	论文题目	材料新颖精要	大小标题醒目	逻辑严密	层次清晰	文采飞扬
学	从老师身上学到的	1. 子曰："学而不思则罔，思而不学则殆。"老师教导我们："学而不搜则枯，读而不记则泛，记而不思则滥，思而不扩则隘，扩而不深则浮，深而不理则乱。学而搜则荣；读而记则得；记而思则新；思而扩则茂；扩而深则雅；深而理则达！"让我们受益匪浅。"吾日三省吾身"，让我们边学、边思、边问、边做。 2. 老师在指导学生开展专题学研的时候胸怀大局，研究的专题形成有机的体系。如在学生研究了课语整合式学习的"文化原理"后，就引导其他学生接着综述课语整合式学习"课程开发"的文献，并在综述基础上探究其教学方式，而下一步就研究课语整合式学习的学本评估，研究对象从课程开发的理念到目标、内容、教学方式和评估，有密切的内在逻辑联系。要努力学习老师的缜密思维和远见。老师鼓励学生参与课题研究，促进学生提高了科研能力，老师自身也实现了教学、科研、培养学生和学科建设等一体化。老师身体力行践行文化哲学和整体主义，值得我们学习。 3. 师生在研讨的过程中学习、交流，创生了知识。老师引领我们进行网络化合作活动学习，效果很好。				
	从同学身上学到的	2013 年 11 月 10 日的"教育与课程文化哲学专题研究"课上，我们分享了论文，并听了同学关于"课语整合式学习"的经验介绍，让我们获益良多，如： 1. 认真领会老师的批阅指导，真正体会老师列举的框架，对于框架中的术语进行界定。 2. 随时记录关于论文的所思所想。 3. 摘要需简要介绍背景，阐释针对的问题是什么，有什么新的观点以及发展的趋势；把主要内容概括出来。 4. 引言包括开头的"大引言"和每段的"小引言"；引言最好能够找到震撼人心的句子，比如引用领军人物对该领域所做的评述。 5. 每小段首先可对小标题进行概念厘清。 6. 好文章是修改出来的：不断修改完善，将自己所写的文稿打印出来，常拿出来研读修改。 7. 写作时需要有"读者意识"。 8. 坚定信心、享受学习、持之以恒，精选出专题后要坚信自己的专题能出成果。				

（续上表）

维度	论文题目	材料新颖精要	大小标题醒目	逻辑严密	层次清晰	文采飞扬
问	1. 如何从文献综述中提炼出选题新颖的专题论文的材料？ 2. 课语整合式学习与双语教学、浸入式学习有何区别？ 3. 分享的同学创生了知识，我们如何在学研过程中创生知识？					
做	下一步打算： 1. 尽自己最大的努力学习，持续地动笔。 2. 要践行"课语整合式学习"，研习论文《让学校成为学习的天堂——校本学习研究引论》，并落实到自己的行文和学研中。 3. 践行老师提倡的整体主义，兼顾好学习、工作和家庭等。					

　　笔者在 Q 老师的引导下，努力提升整体主义研究方法论素养，用预见式行动研究方法探索与之适切的主题课程开发，并力求把握这两个专题的国内外前沿发展动态，创新了预见式行动研究及原因层次分析法的具体研究方法，并用预见式行动研究这一新方法适切地"自主管理课程开发"，拓展了课程开发的模式。笔者还践行自己和同学们的学研内容，将所学知识应用到工作和生活中，使工作更加得心应手，与同事相处更加融洽，生活更轻松愉快，与家人相伴更加温馨。

（二）经典日志提升

　　我们还让各小组在引导性日志里选出经典日志，放到网上的"各组经典日志"栏目供大家分享。如 2013 年 10 月 26 日，在第一轮预见式行动研究期间，大家分享了选题，互相评价和提出建议，课后写引导性日志。现摘录各组的经典日志如下。

表 4－13　"知行小组"的经典日志摘录

层面	经典日志内容
学	学术入流首先要顺流，要相信自己的研究；用方法要知其然还要知其所以然，要研究理论背景。
问	行动研究的科学和严谨性一直备受质疑，事实上，它的科学性如何能更好地验证呢？我在行动研究中如何改进行动研究方案呢？

（续上表）

层面	经典日志内容
做	其实，英文并不难，难的是要克服自己对用英文写作的畏难情绪！由此，我意识到，学用英文写论文已经迫在眉睫了。

表4-14　"学海乐舟小组"的经典日志摘录

层面	经典日志内容
学	"老调重弹"或"新瓶装旧酒"是要不得的，学科选题一定要接触到国际前沿，聚焦再聚焦。也就是说，我们不可能每个学科都面面俱到，所以一定要对自己的研究范围有所选择，并对自己所选的专题有系统的研究。
问	将该课程的读书报告、理论基础与专题研究结合，是路漫漫其修远兮，从文献中找材料，但是提升逻辑的严密性依然需要老师和同学们的指导。
做	教育的根是苦的，但果实一定是甜的！只有打好研究的基础，才有可能结出甜美可口的果实。

2014年6月30日，在第二轮预见式行动研究结束时，从各组的经典引导性日志来看，大家学有成效，创生并践行学研内容，在"学""问"和"做"三个层面均有较大进步，现摘录如下。

表4-15　"知行小组"的经典日志摘录

层面	经典日志内容
学	要创生、发现新的知识就需要突破思维定式的限制，要创生研究主题或研究方法，用原因层次分析法消解思维定式的限制，效果很好。基于新的事实进行逻辑分析，才有创新性的研究。按照老师的指导，参照同学们的做法，经过实践，我在这方面有了进步，创新了研究主题。我学到了：读书学习实质上是要修养自己的品性，做个有价值的人。做人要有理想，要有毅力，要多看健康向上的东西。健康是一种状态，也是一种能力。保持良好的、享受学习的心态去学习，自己感觉进展很大。
问	学无止境，如何激励自己一直努力学习呢？如何更好地用原因层次分析法消解思维定式和不良心态呢？

（续上表）

层面	经典日志内容
做	要考虑读理论书和专题研究之间的内在联系。新的概念肯定要建构，但新的概念一定要观照事实。所以读书报告一定要有文献依据，要读深、读透。注意到这些对我帮助非常大。践行整体主义，提升了整体主义研究方法论素养。

表4-16　"学海乐舟小组"的经典日志摘录

层面	经典日志内容
学	老师所强调的"学习并选择与自己前面所选'教育研究方法论基础理论'相匹配的一种具体研究方法"及"最好能成为自己学位论文所选的研究方法论基础理论或具体研究方法"，我的理解也就是"方法论的形态与方法论的层次结构，并将两者的掌握用到学位论文上"。我感觉进行专题研究对我科研能力的提高要比阅读理论书后再写论文更加有效，坚持做专题研究一段时间，觉得专题越做越顺，用新的方法分析适切的主题，自然就能创新知识。最近学习进展较大，学习很有成就感，心情很愉悦。
问	按照老师的要求创生并践行知识，自己感觉学习和做事的效率越来越高，但如何能持之以恒搞好学习呢？如何使自己的预见式行动学习方案修订得更为完善，如何更好地用原因层次分析法促进自己解决学习困难？
做	老师要求我们要努力提升整体主义研究方法论素养，我选用了文化哲学方法论，用其去研究适切的主题"课程开发"，在做专题研究的过程中能整体地考虑问题。学习与生活是相通的，我在工作中也开始注重全面地考虑问题，工作得到了更多人的肯定，人际关系也更和谐了，而且，我跟儿子一起学习，以自己的学习氛围带动儿子，给他营造了良好的自觉学习的氛围，他的学习成绩更好了，也让我更享受自己的学习。今后我还要一直努力提升整体主义研究方法论素养，不断完善自己。

（三）学习阶段提升

学习由低到高分为四个阶段。最早的学习理论是"行为主义学习理论"，认为学习的实质是刺激与反应之间的联结。行为主义的刺激反应揭示了学习的起始阶段，也是基本阶段。由于学习不只是本能地对外界刺激做出反应，而是应该主动地接受外界信息。在刺激反应学习的基础上，发展出了"接受学习理论"。但学习后产生的物质是储存在不同的神经细胞中的，不同的神经细胞、神经区域间是隔开的，不能主动产生联系，因而发展出第三种学习理论"意义学习理论"，其强调新知和旧知、不同知识、前后左右的事物之间要建立联系。前三种学习都只是接受了外界的信息而已，我们还应上升到创造学习的阶段，即建构主义学习阶段。"在建构主义看来，知识学习实质上是知识及其意义或价值的建构过程"，建构包括人与环境、人与自身的互动。[①] 文化哲学强调文化累积，基于文化哲学，学习可分为四个发展阶段，最低阶段是"刺激反应"，第二阶段是"接受学习"，第三阶段是"意义学习"，最高阶段是"建构主义学习"。[②]

该课程除了笔者之外，还有 7 位学生。Q 老师和笔者分析学生的引导性日志，了解其所处的学习阶段，引领他们用原因层次分析法等攻克学研难关（笔者自主反思自己的学习），促进其他学生在预见式行动学习/研究中不断提升学习阶段，见表4 – 17。

表4 – 17　学生学习阶段提升表

	第一轮预见式行动研究开始时		第一轮预见式行动研究结束时		第二轮预见式行动研究结束时	
	学习阶段	困难及对策	学习阶段	困难及对策	学习阶段	困难及对策
学生 S1	意义学习	新旧知识联系不太自如，要系统梳理、融会贯通	意义学习、建构主义学习	用文化哲学建构优良品德，表述不是很适切，消解急躁情绪，耐心雕琢美文	建构主义学习	将高深的理论落实到班级学习的行动研究较难，要多看相关实证研究文献

① 黄甫全. 现代课程与教学论：第三版 ［M］. 北京：人民教育出版社，2014：89.
② 引自华南师范大学黄甫全教授给研究生上"教育科研方法"课程的讲义。

（续上表）

	第一轮预见式行动研究开始时		第一轮预见式行动研究结束时		第二轮预见式行动研究结束时	
	学习阶段	困难及对策	学习阶段	困难及对策	学习阶段	困难及对策
学生 S2	意义学习	写地道的英文论文很有难度，践行教师总结出的"意义学习式英文论文写作模仿法"	意义学习、建构主义学习	用英文建构学习化评价知识很难，要坚信自己，用课语整合式学习法	建构主义学习	将高深理论与研究主题融会贯通较难，要坚持训练方法论到尽可能完善
学生 S3	意义学习	翻译并理解最新科学论证教学英文文献较慢，用课语整合式学习法	意义学习、建构主义学习	将科学论证教学最新研究应用到教学实践中很难，多与有经验的人交流	意义学习、建构主义学习	建构整合浸入式科学论证教学较难，要继续勇往直前
学生 S4	意义学习	意译课语整合式学习的最新研究有难度，结合自己英语教学的体会	意义学习、建构主义学习	在教学中应用课语整合式学习有难度，要充分利用自身英语特长	意义学习、建构主义学习	建构有效的课语整合式学习策略有难度，要冲破旧教学习惯的束缚
学生 S5	接受学习、意义学习	受已有习惯的束缚，难以更好同化新知识，用原因层次分析法消解思维定式	意义学习、建构主义学习	建构新知不够，要多与共同体互动，立足于最前沿研究	意义学习、建构主义学习	创生并践行知识不够，要动态调整预见式行动学习计划，多与共同体互动

（续上表）

	第一轮预见式行动研究开始时		第一轮预见式行动研究结束时		第二轮预见式行动研究结束时	
	学习阶段	困难及对策	学习阶段	困难及对策	学习阶段	困难及对策
学生 S6	接受学习、意义学习	自己制订的预见式行动学习计划不适宜，需动态调整	意义学习	新知与旧知联系不自如，要践行整体主义，举一反三	意义学习、建构主义学习	创新知识不够，要立足于最前沿的主题和研究方法
学生 S7	刺激反应学习、接受学习	预见式行动学习计划落实不力，要自觉执行并调整	接受学习、意义学习	理论不扎实，要融会贯通相关理论	意义学习、建构主义学习	前沿主题与研究方法的融会贯通不够，用原因层次分析法消解畏难情绪等
学生 S8（笔者）	刺激反应学习、接受学习	基础不扎实，用原因层次分析法消解焦虑情绪，系统加强理论学习	接受学习、意义学习	受思维定式束缚，用原因层次分析法消解思维定式，形成正确的新思维方式和行为方式	意义学习、建构主义学习	创生并践行知识做得还不够，用原因层次分析法消解不自信的心态，加强学习前沿理论，大胆地有依据地建构

　　如表 4 - 17 所示，8 名学生，第一轮预见式行动研究开始时有 4 人（50%）处于意义学习阶段，2 人（25%）处于接受学习和意义学习阶段，2 人（25%）处于刺激反应学习和接受学习阶段；通过用原因层次分析法、预见式行动学习等攻克学研难关，整个共同体的学习阶段不断提升，到第一轮预见式行动研究结束时，有 5 人（62.5%）达到意义学习和建构主义学习阶段，1 人（12.5%）达到意义学习阶段，2 人（25%）达到接受学

习和意义学习阶段；到第二轮预见式行动研究结束时，有2人（25%）达
到建构主义学习阶段，6人（75%）达到意义学习和建构主义学习阶段。
此外，8名学生通过自我纵向比较，都提升了学习阶段。可见该课程有效
地促进了共同体的学研发展。

从笔者的成长及经典日志和学习阶段提升来看，师生共同体在互帮互
助的学研活动中，创生了知识并践行学研内容，做到学习与生活相结合，
做人与做学问相联系，提升了整体主义研究方法论素养，优化了生命。引
导性日志验证了自主管理课程开发的有效性。

二、问卷调查法验证自主管理有效

该课程在两轮预见式行动研究过程中进行问卷调查，及时了解共同体
的学习状况，动态把握每个人的学习进度。师生根据调查结果及时调整课
程方案满足学习需求，促进共同体更有效地开展学研。问卷调查的结果验
证了预见式行动研究自主管理课程开发的有效性。

（一）调查显示共同体提高了素养

我们在第一、第二轮预见式行动研究结束时进行问卷调查，了解学生
们在选题、文献查阅、文献综述和专题论文等方面有何提高，希望师生共
同体帮助什么。两次的调查结果汇总如下：

表4-18　至第一轮预见式行动研究结束时有何提高和需求

现在与2013年9月相比，您在以下方面有何提高？希望老师和同学帮助什么？

类别	已经提高的素养	希望老师和同学帮助的
选题	1. 更了解如何围绕课程论框架选题。 2. 更了解选题的过程。 3. 基本能够自己选题，不再茫然。 4. 更清楚选题如何聚焦。 5. 知道如何创新性地选题。	1. 如何判断选题的可行性？ 2. 如何分析选题是否有价值和新颖性？ 3. 怎样选到在国内很新的课题来研究？

（续上表）

类别	已经提高的素养	希望老师和同学帮助的
文献查阅	1. 能从不同途径获得最新的资料。 2. 更熟悉文献查阅和整理的过程。 3. 中文文献查阅更熟练。 4. 能更熟练地通过知网、读秀、谷歌等用关键词等方法来检索文献，筛选核心文献等。	1. 怎样查到更多更好的英文文献？ 2. 如何获得与自己课题相关的前沿资料？
文献综述	1. 能撰写宏观的文献综述。 2. 更清楚选择适切的视角去综述。 3. 熟悉系统性文献综述的写法。 4. 比较熟悉中文文献综述。 5. 更清楚文献综述的基本格式、内容和作用。 6. 提高了英文的文献综述能力。	1. 具体到某一主题的文献综述如何撰写？ 2. 如何在引用文献上做到更规范？ 3. 标题提炼有待提高，逻辑需要理清。 4. 详细分析一两篇优秀文献综述的写作历程。
专题论文	1. 逻辑和文采方面有所提升。 2. 更清楚论文的逻辑结构分类。 3. 凝练论文标题的能力有提高。 4. 学会了在写作中梳理自己的思路。 5. 更注重论文的内在逻辑和结构，能够清理一个比较清晰的论文框架。 6. 对论文的整体框架更了解。 7. 在雕琢美文的过程中，文字表达能力提高。	1. 论文的局部和整体各方面如何做到逻辑自洽？ 2. 会主动向老师请教关于专题研究的细节和深入的逻辑关系疏通问题。 3. 论文在层次和逻辑方面待提高。

110

表 4 - 19　至第二轮预见式行动研究结束时有何提高和需求

现在与 2014 年 1 月相比，您在以下方面有何提高？希望老师和同学帮助什么？

类别	已经提高的素养	希望老师和同学帮助的
选题	1. 选择相匹配的研究方法、前沿主题和理论基础的能力提升了。 2. 对当前教育新兴热点问题有敏感性，能找出自己的兴趣点和擅长点，选出既是自己感兴趣的又有新意的研究专题。 3. 能从不足中发现研究问题，确定选题，开展自下而上的研究。 4. 选题更加细化、深入了。 5. 选题能够更聚焦。 6. 选题的素养有了提高，能够选到合适的题目。	1. 如何提高选题的前沿性和终身发展性？ 2. 如何选到最前沿且合适的题？
文献查阅	1. 能够检索到更多、更具体、更新颖的文献。 2. 能够搜索到核心经典的文献，并按一定的框架整理。 3. 逐渐养成边查阅文献，边按文件夹分类等习惯。 4. 中外文的文献查阅比较熟练。	1. 如何处理对立观点的文献资料？ 2. 如何更有效地整理文献？ 3. 英文的文献传递技巧有待提高
文献综述	1. 综述从之前的广度向深度深化。 2. 能更有层次地评析文献。 3. 提升了层次的多方面性、逻辑的多维度性。 4. 提升了专题文献综述的理论深度。	1. 在文献综述的基础上如何深入地挖掘研究问题？ 2. 文献如何更好地评析？
专题论文	1. 论文的理论视角较之前适切。 2. 论文更富有文采、材料更新颖，较多考虑到内在逻辑关系的梳理。 3. 论文的材料选择、标题提炼、层次、逻辑和文采等方面有较大提高。 4. 论文框架的严密性和逻辑结构的规范化程度有较大提高。	1. 大小标题如何提炼得更醒目？ 2. 论文如何更富有逻辑性？

（续上表）

类别	已经提高的素养	希望老师和同学帮助的
开题报告	1. 更清楚开题报告的重点和要点。 2. 在老师的指导下，开题报告更加全面和深入。 3. 研究问题更适切了。 4. 开题报告研究设计更完善了。	1. 如何更好地应用数据分析软件。 2. 开题报告如何更有创新性？

两次的调查汇总结果显示，通过在专题研究中开展预见式行动学习等，共同体在选题、文献查阅、文献综述、专题论文等方面的素养不断提高，而且"至第二轮预见式行动研究结束时"的素养要比"至第一轮预见式行动研究结束时"有更大提高。该调查验证了自主管理的有效性。

（二）调查显示共同体创新并践行了知识

该课程的生成性目标是学习者创新并践行知识，从而优化生命。在第二轮预见式行动研究结束时，为了验证学生是否在共同体的学习活动中创新并践行知识从而优化生命，进行了问卷调查，问题是：该课程要促进大家创新知识并践行自己或他人的学研内容，也即在创新知识中实现做人与做学问同一，您做得怎样？

分析学生们的回答，大家都在教师引领和同学帮助下创新了知识并践行了学研内容。但由于个人基础和选题等不同，达到的程度不一样，可分为四个层次：①创新主题或方法并践行自己的学研内容。②创新主题或方法并践行自己和他人的学研内容。③创新主题及方法并践行自己的学研内容。④创新主题及方法等并践行自己和他人的学研内容。

1. 创新主题或方法并践行自己的学研内容

有些学生创新了研究主题或方法，并且践行自己的学研内容。如表4-20所示，学生S6创新了研究主题"微型课程"，并践行自己的学研内容；又如表4-21所示，学生S7创新了研究方法"行为事件访谈法"，并践行自己的学研内容。

表 4 - 20 学生 S6 的学研效果

项目	具体内容	实际效果
所创新的知识	1. 深入微型课程的研究，为期一年，能够对微型课程已有的研究和发展动态有较为全面的了解。 2. 基于已有的微型课程研究成果，梳理并概括出三种微型课程的开发模式：校本模式、信息化模式和整合模式。	在教师指导下，将微型课程的专题研究发展为自己的学位论文研究。
践行学研内容	在教学中实施语文微型课程开发的行动研究积极开发语文微型课程。	微型课程开发的行动研究得到学校师生的支持和配合，提高了教学质量。

表 4 - 21 学生 S7 的学研效果

项目	具体内容	实际效果
所创新的知识	我最近在研究"行为事件访谈法"，在老师和同学帮助下，创新性地开发了相关研究工具。	对于行为事件访谈法已基本了解，但编码与分析部分还需继续深入研究。
践行学研内容	我打算在学位论文中采用"行为事件访谈法"。	提升了行为事件访谈的技巧和效果。

2. 创新主题或方法并践行自己和他人的学研内容

有些学生创新了研究主题或方法，并且践行自己和他人的学研内容。如表 4 - 22 所示，学生 S5 创新了研究主题"文化人性论"，还践行了自己的学研内容和笔者研究的"原因层次分析法"；如表 4 - 23 所示，学生 S3创新了研究主题"科学论证教学"，也践行了自己的学研内容和笔者研究的"原因层次分析法"；又如表 4 - 24 所示，笔者创新并践行了研究方法预见式行动研究和原因层次分析法，还践行了 Q 老师提倡的"三美主义"（美食、美文和美人，美人即让人美丽）和同学研究的"课语整合式学习"等。

表 4-22　学生 S5 的学研效果

项目	具体内容	实际效果
所创新的知识	1. 近期学习研究的文化人性论，是超越传统伦理学中对人性的考察，开拓了该主题的研究领域。 2. 尝试创新性地从文化及其主体生成发展的视角审视人的本性内涵的自我生长意识。	对于自己思考伦理学中的人性论和文化哲学的人性取向都有了较为深入的拓展。
践行学研内容	1. 认真阅读教育学、心理学以及哲学方面的书籍并做好阅读笔记。 2. 查找相关文献，了解专题的历史和发展趋势。 3. 制订一个详细的学研计划，加强身体锻炼，安排良好的作息时间，修炼强大的内心，尽心尽力地投入到学研中。 4. 用永超师姐研究的原因层次分析法消解思维定式。	1. 尝试着用习得的各方面知识来丰富专题并使其应用到实际的教育教学中。 2. 对学研有更深层次的了解。 3. 用强健的体魄和下苦功的决心搞好学研。

表 4-23　学生 S3 的学研效果

项目	具体内容	实际效果
所创新的知识	1. 通过研读、记录和梳理国外的文献，并将其写成论文介绍到国内。 2. 重要的是学到了许多学习方法，方法掌握了之后就是融会贯通。 3. 创新了"科学论证教学"，创新性地建构了"整合浸入式科学论证教学"，并开展行动研究在教学实践中验证和修正。	在老师指引下，一方面发表了论文，另一方面将"科学论证教学"应用到自己的教学实践中，促进了教学与科研一体化，提升了自己整体主义研究方法论的素养。

（续上表）

项目	具体内容	实际效果
践行学研内容	1. 做人方面更加谦虚，学会尊重别人的劳动成果；说话做事更加谨慎；加强与别人协作，不再单打独斗。 2. 践行同学研究的原因层次分析法，在向文而化方面有了改善，能够用所学的文化哲学知识来改变自己的思维定式。 3. 将学研内容践行到工作和家庭生活中，陪伴丈夫和小孩一起成长和进步，觉得家里更温馨了。	1. 对课程与教学论有了进一步了解，也在开始做自己的专题研究，日有所长，觉得自己进展较大，但仍有很多不足，还要继续完善。 2. 初步形成了整体主义的思维和行为方式，完成了学位论文。

表4-24　学生 S8（笔者）的学研效果

项目	具体内容	实际效果
所创新的知识	1. 厘清并阐明了课程开发的文化路向。 2. 提出并阐释了课程开发的"创化模式"。 3. 在国内的课程开发研究上率先引进了预见式行动研究范式，并提出了预见式行动研究的基本环节。 4. 用原因层次分析法整合引导性日志、问卷调查法、作品分析法、音像描述分析法等，分析和预见不足及成因。	1. 既对课程论的学科发展具有理论创新意义，又对高校课程建设具有实践价值，更对我的学术研究素养具有提升效果。 2. 同学们也学习和践行我所研究的预见式行动研究和原因层次分析法等。

（续上表）

项目	具体内容	实际效果
践行学研内容	1. 践行自己的研究方法预见式行动研究，遵照老师要求学生"对自己的学习和生活统筹制订计划"的指导，我对自己的学习和生活制订预见式行动研究方案并落实。 2. 践行老师倡导的"三美主义"和做一个幸福老师，学习和工作的过程就是修身养性、自我完善的过程，学习使人美丽，学习让我身心愉悦。我以学生的身份与女儿交流快乐学习的心得，言传身教、潜移默化，女儿也进步较快，更喜欢学习了。 3. 用原因层次分析法分析自己和同学在学习等方面的困难及成因等。 4. 践行同学研究的课语整合式学习。	1. 践行预见式行动研究/学习，觉得学习和生活能更好兼顾，互相砥砺前进，落实了整体主义。 2. 研有所成，很享受工作和学习，与同事关系更融洽，与家人共同成长。 3. 用原因层次分析法，能更有效地、更彻底地、更长远地克服困难。 4. 消解了阅读英语文献的畏难和焦虑情绪，提高了阅读、翻译英语文献的水平，能更好地应用英语文献。

3. 创新主题及方法并践行自己的学研内容

有些学生创新了研究主题及方法，并且践行自己的学研内容。如表 4-25 所示，学生 S4 创新了研究主题"三元交互技术"和研究方法"数字化测评法"，并践行自己的学研内容，提升了教学质量。

表 4-25　学生 S4 的学研效果

项目	具体内容	实际效果
所创新的知识	1. 关注信息技术与教育教学深度融合的背景下，教育与管理文化的理论发展。 2. 从课程论、教学论、教育技术学等学科理论出发，研究数字化测评的理念变迁、内容结构、应用环境等，创新性地提出评价作为一种服务已经嵌入到学习环境之中，使得教育、学习和测评三者能够更好地融合。	1. 做专题扩展了自己的学识。 2. 从教育文化的大视角出发，把技术放到教育过程中加以考察。 3. 这种学科交叉的方法为研究技术与课程整合问题提供了新的路径。

（续上表）

项目	具体内容	实际效果
践行学研内容	1. "做学问如做人"，老师的这一点教诲，学生铭记于心。 2. 将自己尝试创新的数字化测评法和三元交互技术践行到教学实践中。	1. 能将所学知识融会贯通地应用到工作和生活中，提升了整体主义研究方法论素养，优化了生命。 2. 践行数字化测评法和三元交互技术提升了教学质量。

4. 创新主题及方法等并践行自己和他人的学研内容

有些学生创新了研究主题及方法等，并且践行自己和他人的学研内容。如表4-26所示，学生S1创新了研究视角，用已有文献极少用的文化哲学视角研究"优良品德"，创新了研究主题，拓展了"优良品德"的研究层面，创新了研究方法，建构了文化哲学的整体主义分析框架，并践行自己研究的"优良品德学习"、同学研究的"课语整合式学习"和"原因层次分析法"；又如表4-27所示，学生S2创新并践行研究主题"学习化评价"及研究方法"社会文化媒介原理"，还践行同学研究的"优良品德学习"等。

表4-26 学生S1的学研效果

项目	具体内容	实际效果
所创新的知识	1. 研究视角的创新：已有文献较少用哲学视角研究"优良品德"，我在老师指导下用文化哲学视角分析。 2. 研究主题的创新：已有关于"优良品德"的文献主要是实然层面的研究，我将应然和实然两个层面结合起来研究。 3. 研究方法的创新：建构了文化哲学的整体主义分析框架（文化背景挖掘—文化原理建构—方法体系探索），其中具体应用了文化生成论、文化主体论、文化人性论、文化价值论、文化活动论和文化系统论六个维度加以细致观照。	在研究中创新是比较困难的，要经过长期的、刻苦的思维和写作训练，并逐步积累实现。在老师和同学帮助下，用"原因层次分析法"消解思维定式等，进步很大，提升了整体主义研究方法论素养。

（续上表）

项目	具体内容	实际效果
践行学研内容	1. 践行课上从老师和同学那里学到的教育研究方法，努力使自己学会做教育研究。 2. 践行老师说的做人要行善，培养自己的优良品德，要日行一善，在帮助别人的过程中体验乐趣，升华自己。 3. 践行师兄和师姐研究的课语整合式学习和原因层次分析法等，充满自信地阅读、翻译并应用英文文献。	1. 做学问、做人是逐渐积累的过程，是从有意识到无意识控制的过程，目前我处于有意识的自我训练阶段。 2. 践行优良品德学习，得到更多人的肯定，自己也更快乐。 3. 学术英语应用水平有了提高。

表 4 – 27　学生 S2 的学研效果

项目	具体内容	实际效果
所创新的知识	1. 研究主题上，将学习化评价扩展到社会文化视角清理。 2. 洞察到幼儿园学习化评价的合理性和重要性。 3. 研究方法上，尝试创新"社会文化媒介原理"。 4. 明白了理论基础是决定理论修养深度的关键。	1. 努力做到学习"上天入地"，上能有基本的理论基础，下能具体到田野、课堂中展开研究。 2. 改变自己的坏习惯，能根据自己当下的学习情况灵活调整学习策略。 3. 写出了较好的文献综述，得到了老师的肯定和鼓励。
践行学研内容	1. 践行自己研究的学习化评价和社会文化媒介原理。 2. 践行同学们的好的学习方法或内容，如做一个具有优良品德的人。	1. 相比刚入学阶段的自己，感觉有了很大的提升，无论是在学习状态还是在方法上。 2. 学习优良品德，人际关系变得更和谐，能站在别人的角度换位思考问题，更能理解别人。

　　从以上 8 名学生的学研效果来看，在师生共同体的帮助下，学生们都创新了知识，并能践行自己或他人的学研内容，实现了做人与做学问一体

化，提升了整体主义研究方法论素养，优化了生命。该调查也验证了自主管理的有效性。

三、作品分析法验证自主管理有效

师生共同体在基于预见式行动研究开发该课程的过程中，及时总结学研的成功经验，创生出有效的学研方法（附录9列举了部分学研作品），并积极践行。学生们在 Q 老师引领下，优选某一前沿专题，进行预见式行动学习规划，收集中外最新文献，撰写文献综述，在此基础上撰写专题论文等，提高了创新能力，在 CSSCI 期刊发表了系列论文。如在《教育研究》发表关于"优良品德学习何以使人幸福——美德伦理学复兴的文化哲学解析"的论文，在《教育发展研究》发表关于"培育跨文化理解能力——论课语整合式学习作为一种文化教育范式"的论文，在《教育研究》发表关于"让每个幼儿都享有优质教育——《国际儿童教育协会全球指导性评估量表》述论"的论文，在《电化教育研究》发表关于"应用信息技术促进科学论证教学"的论文，在《高教探索》发表关于"从知识习得到知识创造——论大学生学习方式的嬗变"的论文，在《电化教育研究》发表关于"预见式行动研究"的论文，在《开放教育研究》发表关于"从知识共享到知识创造：学习环境认识论基础的嬗变"的论文，在《高教探索》发表关于"英国职教改革中政府权力与干预路径"的论文。下面以分析学生 S1 和 S3 在师生共同体帮助下不断完善作品为例来验证说明。

（一）学生 S1 的作品不断完善

学生 S1（以下简称 S1）以文化哲学为方法论，来研究"优良品格与美德"的主题，选取国内外最前沿的文献，撰写了内容丰富的文献综述，Q 老师对其的文献综述进行批阅指导，摘录如下：

阅后语：选题前沿并富有挑战性，资料精要且珍贵，学习理解深刻而敏锐，文献挖掘比较细密。已经到了加强中国道德教育理论与研究的学习把握的时候，以便中西融通，深化对国外研究成果的理解、把握和翻译。请在此基础上，分专题地进行进一步的文献综述，做出一系列高水平的专题论文，并为博士学位论文选题、设计以及开题报告打下基础。建议思考并选择：

一、关于"道德教育的优良品格与美德原理"专题学习、研究与专题论文撰写。参考《教育研究》发表的有关道德教育基础研究的专题论文，研制三篇以上的专题论文。比如：

（一）参考王占魁的《"公平"抑或"美善"——道德教育哲学基础的再思考》或杨韶刚的《从道德相对主义到核心价值观——学校道德教育转向的心理学思考》等，研制一篇专题论文《优良品格：当代道德教育基础的心理学建构》；（二）参考侯晶晶的《诺丁斯以关怀为核心的道德教育理论及其启示》以及《基于问题学习对教学改革的启示》等，研制一篇《优良品格说对德育创新的启示》；（三）参考鲁洁的《关系中的人：当代道德教育的一种人学探寻》和《人对人的理解：道德教育的基础——道德教育当代转型的思考》等，研制一篇《自主的人：新世纪道德教育的人性论基础和/或《人对自我的理解：道德教育新模式》专题论文。

二、关于"优良品格与美德研究"专题学习、研究与专题论文撰写。参考赵志毅《论品德结构与人格系统的关系》等，并深化和精炼本文献综述，研制一篇专题论文《优良品格与美德三题：为什么、是什么与怎么样?》

三、关于"优良品德与幸福"专题学习、研究以及论文撰写。参考王啸《人在社会中生活：道德教育的三重功能》和鲁洁《试论德育之个体享用性功能》《再议德育之享用功能——兼答刘尧同志的"商榷"》《做成一个人——道德教育的根本指向》《道德教育的根本作为：引导生活的建构》等，研制一篇专题论文《培养优良品格：教育通达幸福之径》。

四、进一步收集和挖掘外文专题文献，进一步做一个详细的、聚焦的和深化的"优良品格教育与干预"的文献综述，进而研制一篇《新兴优良品格教育的几种模式》。

另外，博士论文主题是否可以考虑为"积极心理学视角下优良品格（和美德）教育课程开发的行动研究——以小学语文人文价值教育课程开发为例"？

S1 按照老师的指导开展预见式行动学习，下面以 S1 撰写和修改主题为"优良品德教育何以使人幸福"的专题论文为例，来分析其在共同体的学习活动中如何提升创新能力。

2013 年 11 月 16 日，Q 老师对 S1 的论文《优良品德教育何以使人幸福——新世纪幸福至善论的文化哲学解析》进行指导，摘录如下：

优良品德教育何以使人幸福
——新世纪幸福至善论的文化哲学解析

摘要："人何以幸福"是学人冥思不休的永恒问题，新世纪积极心理学所复兴的幸福至善论，开启了幸福为本的优良品德教育新领域（后面部分，本着简图与提炼原则，沿善文化哲学逻辑，在正文修改和提炼基础上，进行情心修改完整。），这是因为：从历史进化论回溯，开展惟科学主义批判，以科学与人文整合的整体主义视角为幸福诉诸于优良品德发展奠定了科学基础；以幸福至善论复兴和心理学人性假设转向为契机，优良品德发展得以切入人的幸福；而积极心理学领域关于美德分类学的进化发展更是为优良品德керас人的幸福确立了研究起点。从本质论观照，优良品德教育通过对人的历史性存在的认识，开展积极主动的意向性活动，建构自主乐观的认知加工图式而促进人改造内心深处的价值观念和心理需要，从而追随人对幸福的满求。从主体论审视，通过自党能动地激发主体文化创造的内外动机，满足人本真的优化发展需要，激励主体人的自我意识之党醒而不懈导引人之幸福，从活动论探查，在人与自我情态、价值观，人与他人、他物建构联系的动态生产性活动中，人以自我积极的

删除的内容：来自积极心理学的

删除的内容：这既

删除的内容：命

删除的内容：，也是人类致致以来的价值旨扣

删除的内容：在

删除的内容：的立场来看

删除的内容：通过

删除的内容：格

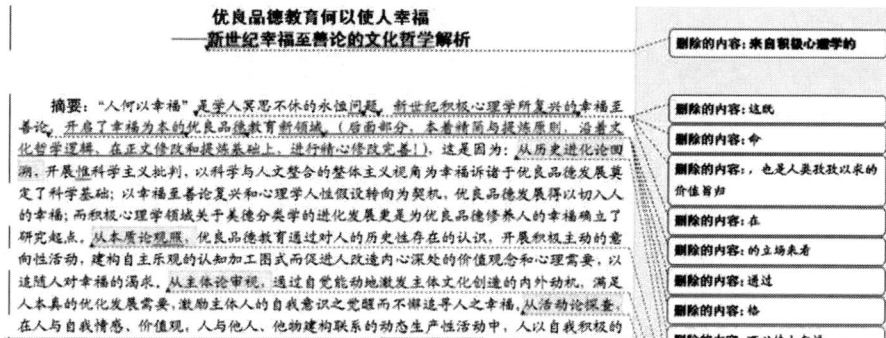

Q 老师对其的阅后语如下：

阅后语：在文献综述基础上，努力进行方法论内在逻辑思维及其应用的训练，努力将优良品德干预研究、幸福至善论研究与文化哲学研究融会起来，效果显著，难能可贵！所做出的文稿，具有非常好的基础，为进一步做出达到《教育研究》发表水平的专题论文打下了坚实基础。建议：

一、认真阅读和领会我的批阅，不仅用于本文稿修改，而且转化为自己的方法论素养。

二、进一步理清"优良品德教育""幸福至善论"和"文化哲学"的关系，特别是在领会把握的基础上，学习卡西尔的行文方式，富有文采地阐释"文化哲学"的逻辑框架，让读者能清晰地读懂。

三、在具体行文追求"优良品德教育"味和"幸福至善论"味的同时，注意建构和透露出其深层的"文化哲学"逻辑。

四、文稿的五个部分，注意在篇幅上基本相当和配成。相对短了一些的部分，请注意增加一些内容和/或材料；而相对长了一些的部分，请注意删减一些可有可无的内容和/或材料。

五、请准备好明天下午在我们的"教育与课程文化哲学专题研究"课上，进行专题分享，至少包括：（一）本文稿研制和撰写过程；（二）本文稿的主要内容及其精彩之处分享；（三）本文稿研制与撰写过程的思路历程、收获与建议；（四）存在或出现的问题与疑惑。

另外，请按照《教育研究》发文规范进行精选编排和注释规范修正，拿出可以直接投寄《教育研究》的文稿来！

从上述阅后语来看，Q 老师一方面注重对 S1 鼓励和肯定，帮助 S1 增

强信心攻克学研难关；另一方面又注重及时指出"最近发展区"，引领 S1 努力达到更高水平。

通过文献综述，我们了解到对文献进行"静态解析"和"动态解析"能有效促进论文写作。Q 老师引领我们践行此方法，对提供给 S1 的《教育研究》刊载的《"公平"抑或"美善"——道德教育哲学基础的再思考》一文进行了"解剖式"的"静态解析"，意在给我们提供优秀论文"样本"；还要求 S1 对文稿进行"动态解析"，意在一方面促进 S1 反思学习，另一方面促进其他学生借鉴身边榜样的经验。2013 年 11 月 17 日，在"教育与课程文化哲学专题研究"课上，S1 按照老师安排"专题分享"的要求，"结合自己的心路历程"对文稿进行了"动态解析"：

一、文稿研制和撰写历程反思性回顾

2013.8.15—2013.9.15 研制文献综述阶段

2013.9.15—2013.11.15 本文稿的学研至完成初稿阶段

二、文稿的主要内容及其精彩之处分享

文稿提纲：

优良品德教育何以使人幸福

    ——美德伦理学复兴的文化哲学解析

一、优良品德教育使人幸福何以可能：历史进化论

（一）唯科学主义批判

（二）美德伦理学复兴

（三）美德分类学进化

二、优良品德教育使人幸福何以可求：理想价值论

（一）理想价值的目标优化——目标调适论

（二）价值目标的美好诉求——希望论

（三）价值实现的意义建构——幸福识建论

三、优良品德教育使人幸福何以可致：能动主体论

（一）主体的反思性存在——时光再构法

（二）主体的能动性存在——自我决定论

四、优良品德教育使人幸福何以可成：多维交互论

（一）互动的情感性——积极情绪扩建论

（二）互动的道德性——感恩论

（三）互动的意向性——持久幸福感模型

三、文稿研制与撰写过程的思路历程、收获与建议

（一）思路历程（笔者注：本部分内容太多，为便于读者把握S1的学研过程，摘录S1的部分反思如下）

1. 研读每个部分之前，我会先把自己这部分之前的文献综述中相关内容阅读一次，以再次了解这个部分所涉及的材料的具体细节是什么，然后读书的过程中就能够带着自己想要的东西在书中去寻找答案或论证材料，如此的话，读书和研习文稿效率更高一些。

2. 另外，在读书的过程中，从书中获得了一点或两点关于这个部分的新启发，但是已有的综述材料中没有这方面的论述，那么这个时候就需要重读以前的外文资料或查阅一些相关的该主题的资料，拓展这一部分的材料。

3. 文稿的语言组织，在以前做文献综述的时候，我更多的是依赖外文原文的逻辑翻译并撰写文稿材料，但是，在读书的过程中，我领会了书中文化哲学论证表述问题的思路和语言风格，学习领悟其中的逻辑，调整原来的论述层次。

4. 每个小章节都有一段对该部分论述思路的清理和内涵的阐释——即小引论，这个其实也是在结合每部分内容和研读相关书籍后就撰写好的，然后它引导我来进一步结合具体材料，论述每一个更小标题的具体内容。强调：清理、把握、论述、写清楚这部分内容很重要，这样做的话，自己的论述就不容易散。另外，我在论述具体材料中的内容时，当有理不清时，就会回头再看看这个小引论，有时候引论会给予指引，有时候材料中的内容及自己的再思考也会帮助我修改完善引论。

5. 研习第四部分"幸福为本优良品德教育的（文化）活动论——来自文化时间论视域"，当时是较费劲的，因为那时对老师给予的指导没有理解透，然后在阅读的时候，一句话的启示，打通了自己的思路。——面对不懂时，"问"是一条出路，"悟"也是一条出路。

6. 当学到、写到第五部分"幸福为本优良品德教育的（文化）价值论——来自文化价值论视域"时，才感觉到自己好像有那么一点点领悟的兆头了。但是，到这里时，意志力也有一些松懈了，似乎曲折盘旋的小路走多了也想停下休息一样，但是越是这个时候越是要攻克自己的心理难关，咬紧牙继续读书学习。而且，也体会到这虽然是最后一部分，但应该是我的专题论文的最终落脚点，即人的幸福价值必将寻求实现，那么实现

的方法和途径就显得尤为重要，所以这部分的论述也是重头。——所有的结束都只是开始，攀爬的路上任何时刻都不可掉以轻心。

（二）收获及建议

1. 收获这篇虽然粗糙但凝结自己勤勉"学思"过程的不成熟"作品"——至少是对自己的学习和老师的辛勤指导的一个小小的交代。

2. 通过本文稿的研习，进行方法论内在逻辑思维及其应用的训练，虽然还没有完成，但是，小小的进步给我更大的动力去攀爬和努力。

3. 心性意志力的历练——这是一个艰辛的心路历程，这个过程的前行，需要接受智能的挑战，内心的彷徨、恐惧，意志力的松懈，身体革命的考验等。

想要战胜这一切，我的一些个人建议是：他人之言，答我之意！

游手好闲的学习并不比学习游手好闲好。——约·贝勒斯

想成为幸福的人吗？但愿你首先学会吃得起苦。——屠格涅夫

我们要振作精神，下苦功学习。下苦功，三个字，一个叫下，一个叫苦，一个叫功，一定要振作精神，下苦功。——毛泽东《做革命的促进派》

四、存在或出现的问题与疑惑

参见老师批阅稿

从上述解析可以看出，S1 在预见式行动学习中不断调整规划，不断反思总结，不断自我鼓励，克服内心的彷徨、恐惧等，坚定信心、坚持不懈，不断提升自我（如 S1 反思"这是一个艰辛的心路历程，这个过程的前行，需要接受智能的挑战，内心的彷徨、恐惧，意志力的可能松懈，身体革命的考验等"）。Q 老师和同学们根据 S1 的反思和分享提了一些建议，S1 根据老师的批阅和大家的建议继续修改此论文。2013 年 11 月 21 日，Q 老师对其的修改稿进行批阅，现摘录部分批阅如下：

费尔巴哈说："一切有生命和爱的生物、一切生存着的和希望生存的生物之最基本的和最原始的活动就是对幸福的追求。人也同其他一切有感觉的生物一样，他所进行的任何一种意志活动，他的任何一种追求也都是对幸福的追求。"[1]（下面部分过于臃肿了，需要加以简洁。像上此稿子的批语一样，本引论的先后内容主题安排，应该是根据本文题目来研判。先提出"人何以幸福"的问题及其难点——这个难点最好控到"过往心理学的问题人性假设"上，再提出新世纪积极心理学的崛起及其人性假设的"积极"转向，进而深化到"幸福至善论"的复兴并引出其"优良品德教育使人幸福"的主张，指出这种主张引发了越来越繁荣的研究，开启了"幸福为本优良品德教育"创新与探索，形成了丰富而富有魅力的成果。然后，引入文化哲学及其逻辑框架，向孙绵涛的"论教育管理现象何以可能"摘要学习，直接提出我提炼出的文化哲学"四个范畴"的"四个问题"，并顺利过渡到第一部分去！）由此看来，追求幸福是人之为人的根本确证。然而，"人类何以获致幸福？"，每个时代、每个文化领域

带格式的：默认段落字体，字体：Times New Roman，字体颜色：自动设置

删除的内容：引言

Q 老师用预见式行动研究分析 S1 的学习状态，感受到了 S1 的刻苦、疲惫、辛苦与执着等，预见其在研究高原期的最后时刻可能筋疲力尽，继续给予 S1 充分肯定和大力鼓舞，在阅后语中激励其坚持不懈、胜利登顶：

阅后语：本专题论文到了"方法论"中"适切性建构和完善"的关键时期，就是"技能发展的高原期的最后时刻"，也就是"攀岩登顶触及悬崖边缘"时刻，几乎是筋疲力尽啦，但胜利就在最后的坚持之中，不登顶绝不松懈！我在旁边，既为你加油，又等着你登顶时刻的来临！

S1 在老师和同学们的鼓舞下继续攻克学研最难关，不断修改完善论文。2013 年 11 月 24 日，S1 在课堂上反思了论文的修改过程，学习 Q 老师之前对例文进行的"静态解析"，对自己的修改稿进行了"解剖式"的"静态解析"，如下：

专题论文研修过程反思汇报

一、文稿内容的修改

（一）引言——反思：拖沓累赘，缺乏文采

（二）标题——反思：形似而神不似

学习参考模范张广君老师《教学认识论的人道主义向度——生成论教学哲学的立场》

1. 视角：幸福为本优良品德教育中"人"的历史映现
2. 意旨：幸福为本优良品德教育中"人"的意识之觉醒
3. 表征：幸福为本优良品德教育中"人"的自我超越
4. 方法：幸福为本优良品德教育中"人"的互动生成
5. 机制：幸福为本优良品德教育中"人"的自我实现

（三）摘要——反思：语言表达能力欠缺

"人何以幸福"是学人冥思不休的永恒问题。新世纪积极心理学所复兴的幸福至善论，开启了幸福为本的优良品德教育新领域。幸福为本优良品德教育，基于唯科学主义批判的视角，在心理学研究中人性善转向及美德分类学优化的基础上，突显"人"的历史映现。强调自觉能动地激发人的内外动机及发展需要的满足，激励"人"的自我意识之觉醒。通过积极主动地意向性建构促进人改造内心深处的价值观念和心理需要，实现"人"的自我超越。在积极情感和感恩心态引导的"人"的互动生成中实现主体性的优化发展。并最终在与人的内在规定性相契合的价值活动中达成"人"的自我实现。

二、文稿篇幅层次的修改

文稿各部分内容篇幅安排保持基本协调一致，可适当删减内容或补充材料——反思：思维僵化，缺乏灵活性

三、文稿格式规范的修订

（内容略）

总体反思启示：做任何事，事情做到任何程度，都不能着急、浮躁，要细心，更要用心打磨，才能出精品。

Q 老师和同学们对其修改给予了建议，S1 继续修改，于 2013 年 12 月 29 日在课堂上反思了自己之前的预见式行动学习，分享了撰写《优良品德教育何以使人幸福——美德伦理学复兴的文化哲学解析》论文的体会，内容如下：

撰写《优良品德教育何以使人幸福
——美德伦理学复兴的文化哲学解析》文稿的体会

时间：2013.12.29　　　　　　　地点：教育楼 503 教室

一、如何领悟并在文稿中贯穿文化哲学理论框架和内在逻辑？

1. 老师的引导是关键。

2. 阅读学习中的思考是基础。——进一步学习文化哲学书籍，主要研读卡西尔《人论》和司马云杰《文化价值论》，同时收集老师和我们之前师兄师姐在老师指导下撰写的文化哲学视角下具体问题分析论文，在领悟文化哲学理论基础上，学习思考如何应用文化哲学具体分析问题。

3. 行文撰写中的梳理是重点。

4. 修改评鉴中的琢磨是突显亮点。

二、在文稿引言、正文与结语之间，在正文的四个部分之间，在四个部分中的各个小部分之间，各个小部分的段落之间，如何深入清理和建构文稿更深层次和更加具体化的文化哲学逻辑？

1. 各个部分（摘要、引言、小引言、结语）的撰写——在读书学习的过程中，边读书，边反思，边记录，然后行文撰写。

2. 问题反思：（此段流于一般，需要直截了当地具体化深入化到"优良品德教育使人幸福"上！此段还显露了语言有些贫乏，需要通过加强阅读吸收来实现语言的丰富化！以后要特别注意！）——引言的撰写，须在内在逻辑清晰的基础上，以一句主题句起头（最好是他人名句或具有文采的句子），接下来，用简洁明了的语言顺利串联此部分内容的内在逻辑。（参见第一部分小引言）

3. 读书的时候，注意作者整个文稿、每个章节、每个部分的主题段和主题句及其之间的关系，能够更好地提炼和领悟文本的思想，清理和建构自己严密合理的逻辑思维。

三、如何领会批阅语进而字斟句酌地打磨文稿？

1. 文中所用材料和英文原文对照，再次回到原文订正一次，以保证学术研究的科学严谨性。

2. 打磨字句的时候也是理顺逻辑的时候：句与句的断与合；句与句的关系；字词的内涵、外延是否达意。

3. 每个部分的字数保持均匀分布。

4. 每个部分的内容结构撰写也刻意强调"三"小节的层次结构。

5. 对于如何简洁明了表达意思的功夫，还需修炼——理顺句子之间的关系，然后合理巧妙运用关系词串联（参见唯科学主义批判部分）。

6. 好文章是改出来的。

四、其他启示和建议。

我们无论是在蹒跚学步还是攀爬前行的过程中，寻找并紧握一个正确而有力的"拐杖"是非常重要的。这个拐杖不管是老师帮我们支起的，还是自己构筑的，都是指引和支持我们前行的助力，于我们将会是受用无穷的。当然，到一定时候，当自己可以独自站立走路或者攀登山峰时，真正拥有了不依赖他人的心之"拐杖"时，那么，学会独立将是我们的最终目标。

S1 通过反思，认识到不能总依赖老师的指导，要逐渐学会独立。根据老师和同学们的建议，考虑到当代开发学习化课程的诉求，S1 进一步修改论文，将标题改为《优良品德学习何以使人幸福——美德伦理学复兴的文化哲学解析》，向《教育研究》编辑部投稿。稿件虽被采用但因篇幅较长，需要压缩。S1 在老师指导下删减了该文。2014 年 7 月 6 日，Q 老师在课上以引导 S1 删减该文为例，指导我们学习如何在修改文稿中再次提升研究能力。

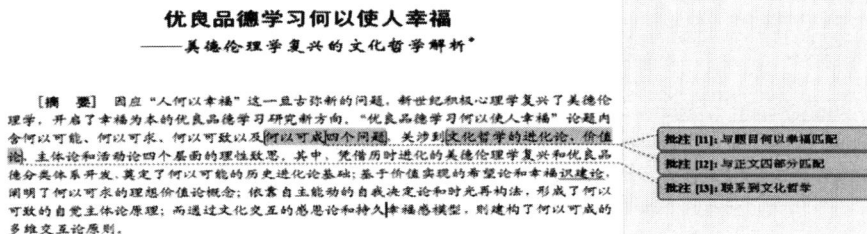

S1 也根据 Q 老师的要求在课堂上分享了对该论文的删减说明，如下：

《教育研究》拟发稿删减说明

2014 年 7 月 1 日接到《教育研究》编辑关于《优良品德学习何以使人幸福——美德伦理学复兴的文化哲学解析》的用稿和改稿电话通知后，我们专门进行了面对面讨论和随后的电邮讨论，慎重地进行了篇幅压缩与行文润色，努力在删减字数的同时进一步清理和深化文稿的内在逻辑结构。具体修改情况简要介绍如下：

一、明确的修改原则

尽可能多地压缩字数，同时进一步清理和深化文稿内在逻辑结构。基本做法为：

（一）文稿正文的四个部分，每个部分主要内容统一为"2＋2＋2＋2"，亦即每个部分精选两个主题来论述；也就是说，前稿的第一、二、四三个部分，各删除一个小标题及其内容。

（二）在过渡性的"引言"和"结语"中，尽量删除一般性的引文和论述文字。

（三）摘要亦进行相应修改润色。

（四）按照编辑要求，进行笔者简介补充和基金项目缩减。

二、篇幅压缩的具体做法与考量

（一）删除前稿第一部分的"唯科学主义批判"小标题及其内容。之所以选择删除它，主要原因既是压缩字数，更是体现本文文化哲学的"文化"立场。文化具有累积性和平衡性，所以从文化逻辑角度看，美德伦理学复兴，应该是科学主义和人本主义互相砥砺的结果，所凭借的路径正是"积极心理学"的科学性，所批判的既有唯科学主义，也有人本主义的功利主义陷阱。删除了"唯科学主义批判"小标题及其内容，不影响其内在逻辑理路，而且还纠正仅仅有"唯科学主义批判"的偏颇。

（二）删除前稿第二部分的"目标调节论"及其内容。主要的考量是：前稿第二部分原本的一、二小标题的"目标调适论"和"希望论"，主要从"价值目标"论证幸福实现的机理，第三个小标题内容是从"价值实现的意义建构"角度论说。前两个小标题内容相关性较大或者有所重复，如"目标调适论"主要强调目标的设定与价值需要相契合，而"希望论"不仅强调目标设定，还包括目标实现的路径和动能思想。因此，包含标题一的部分内容，可以删除。这样既缩减字数，又不会在内容上减少太多。

（三）删除前稿第四部分的"积极情绪扩建论"小标题及其内容。主要的考量是：从理论本身来看，小标题二、三的"感恩论"和"持久幸福感模型"与本文的主题"美德""优良品德""幸福"等直接相关，至少从字面上看相关性更大一些；从三个理论的内容逻辑来看，"积极情绪扩建论"强调人与自我的互动，"感恩论"强调与他人互动，"持久幸福感模型"强调与整个文化环境中的个体内在心理、外在环境等因素的综合互动，尤其是"意向性"更多突显对人的内在心性的把握，这方面是能够覆盖到小标题一的部分内容。所以，删除掉的内容基本不影响这部分的内在精神。

Q老师还根据S1撰写文献综述和系列专题论文的情况，给予S1博士学位论文选题建议，现摘录部分如下：

从硕士生开始，你就将自己的专题学习与研究聚焦于"道德发展"特别是优良品德发展上。进入博士阶段以来，进一步聚焦于"美德与优良品德研究的文献综述"上，先后做出了有关文献综述文稿三篇。结合"学习化课程研究"的理路，经过查找考察国外"优良品德研究"的最新进展，发现了今年刚刚在网上发表的一篇最新博士论文，即"PHAIRE D W. Linking character strengths and learning with films：a content analysis of films for adolescents［D］. Capella University, UMI Dissertations Publishing, 2013."该论文指出："Film pedagogy offers an opportunity to effectively engage students in learning while building character strengths as well as promoting critical and creative thinking."据此，结合已有基础，建议你将博士学位论文主题确定为："美德学习的行动研究：以师范生'高尚师德教育实验'课的开发为例"或者"优良品德学习的文化哲学分析与建构"。

后来，为了更全面地提升研究方法论素养，S1 在 Q 老师指导下将两个建议的论文主题整合起来考虑，选择了一个难度很大的研究主题，学位论文探究"文化哲学视野下的优良品德学习开发研究"。S1 的开题报告达11.2 万字，层次分明、逻辑严谨，富有创新价值。出席开题报告会的老师们对 S1 的开题报告给予好评，肯定其选题具有如下创新之处：

（一）研究视角的创新

在积极心理学视野中创生的"美德与优良品德"研究，无论是国外还是国内，研究的主流阵地还是停留在心理学的学科视野中，较少有哲学视角的深度分析研究，更遑论文化哲学视角的分析了。本研究选取了文化哲学的整体主义研究范式作为方法论视角，尝试挖掘"优良品德学习"背后的文化基础，建构优良品德学习的深层文化内涵和原理，从而为高尚师德学习的开发应用研究开辟道路。

（二）研究内容的创新

已有优良品德及其应用研究多关注的是实然层面的研究，缺乏应然性判断和价值追问。本研究的内容主要围绕优良品德学习的应然和实然相结合，即探讨优良品德学习内在的基础和原理问题，也拓展至教师教育领域的实际方法应用问题。整个研究由形而上的理性思辨分析和具体应用开发相结合而展开。此外，"高尚师德学习"的提出，本身就是一种创新。而且它绝不仅是概念上的创新，更是价值取向的改变和应用开发上的积极尝试。

（三）研究方法的创新

除了研究视角的创新，本研究所全面建构起来的"优良品德学习的文化哲学分析与建构"，也是具体方法论创新。这一文化哲学的整体主义分析框架为：文化背景挖掘——文化原理建构——方法体系探索。其中，具体应用了文化生成论、文化主体论、文化人性论、文化价值论、文化活动论和文化系统论六个维度加以细致观照，从而使得优良品德学习的研究在基础和原理层面更加饱满而坚实，为"高尚师德学习"的应用开发研究奠定了坚实的基础。

S1 反思自己硕士以来的学习和研究，在 2014 年 7 月 8 日的课上分享如下：

四年硕博学研过程的自我反思提纲

一、自我总结性反思

1.立志（确立志向）

（1）确立读书的意志——爱学习

（2）确立选题方向——自己的兴趣和导师明智的指导

2.对研究主题的敏感性

3.建构框架的敏感性

（1）表面的逻辑思维框架

（2）更深层次的逻辑思维框架

4.文献综述的"面广意深"

5.带着问题读书

（1）第一条捷径——老师长期的指引和对文化哲学思想与理念的教导

（2）第二条捷径——带着老师的这些"知识"去读书，重走老师思想之路

（3）第三条捷径——带着自己的研究问题或心怀自己的研究主题去建构联系，并应用框架分析自己的研究主题（参考老师文稿和老师指导的学生的文稿）

注：读书的过程中，所读书目的确定

二、自我批判性反思

1.提升学习主动性（自主发展+主动求教）

2.早"读书"、真"读书"

3.不要"避重就轻"

4.结合自身情况制订学习计划

5.学研主题和自己学习、生活融合

从学生 S1 在教师等的帮助下，撰写关于"优良品德"的文献综述和论文，不断修改，2014 年在《教育研究》期刊上发表论文来看，S1 的文

献作品的水平不断提高，选题前沿、材料新颖、逻辑严密、层次清晰，思维能力也不断提高，而且其不断践行踏实、谦虚、自信、真诚，严于律己、宽以待人的优良品德，经常热情地帮助同学们解决学研中的疑惑和困难，积极参与学院的科研、教学和学科建设等活动，组织管理和沟通协调能力强，实现了做人和做学问一体化，学习和生活一体化，优化了生命。

（二）学生 S3 的作品不断完善

学生 S3（以下简称 S3）选择"科学论证教学"这一前沿主题，广泛收集国内外文献，在进行文献综述的基础上撰写了专题论文《应用信息技术促进科学论证教学》，Q 老师悉心指点论文，下面摘录部分批阅：

> **摘要** 提高公众科学决策能力的诉求催使科学论证教学在国际科学教育领域逐步兴起并迅速发展。现代教育技术以其强大功能，在支持和促进科学论证教学实施中具有独特优势。它在论证激发上，能提供生动丰富的信息背景和资源，创设科学论证问题情境；在论证组织上，可协助最优化学习分组与筛选置评种子，有助于学生深入开展论证；在论证建构上，可搭建脚手架和交流平台，支持论证建构与分享；在论证评价上，可以逐步实现智能化交互分析反馈，促进论证反思与完善。
>
> **关键词** 现代教育技术 科学论证教学 网络化科学论证教学系统
>
> **一、引言**
>
> 随着科学技术的迅猛发展，如何对信息进行选择、甄别、评价等综合考虑后做出科学合理的决策，并能参与重大社会科学问题或与个人利益相关的科学问题的讨论，是当代及未来公民应具备的重要能力。因此科学教育中，不仅应关注学生"知道什么"，更应关注"如何

2013 年 10 月 20 日，第一轮预见式行动研究期间，S3 对自己之前开展的预见式行动学习进行反思，并对下一步学研进行预见，制订了计划，在课堂上分享交流，内容如下：

分享主要内容："展示文稿研制进展，对我指导和批阅的理解，对进一步学习研究的启发和打算，对大家学研的建议……"

一、《应用信息技术促进科学论证教学》文稿进展和学研建议

（一）文献资料收集、筛选和阅读

2013 年 7 月中旬至 8 月上旬，以"argumentation""technology"作为关键词在 Google 学术网搜索近五年的研究文献；通过阅读题目和摘要，进一步筛选与"科学论证"内容相关的文献（不绝对）；运用各种方法下载

全文，重点关注和阅读 SSCI 期刊的论文。

（二）文稿大纲构建（文献资料再收集、阅读）

8 月中旬，根据已有材料和笔记，构思了多个大纲，最后学习和参考黄老师主编的《现代课程与教学论》第七章"环境开发"和第十五章"学习方式"，确定按照科学论证教学的基本实施环节，结合已有材料，设计为：激发论证——应用信息技术创设科学论证问题情境；组织论证——应用信息技术优化论证分组与种子论说；建构论证——应用信息技术支持论证建构；共享和评价论证——应用信息技术协助论证分析评价反馈等方面。

（三）文稿初稿（含重点文献资料的阅读和查找）

8 月下旬至 9 月下旬，这个过程是重点文献再阅读，大纲修正或补充，行文等方面相互呼应的过程。行文方面可以模仿目标期刊，模仿类似文献行文，修正英文翻译，如"状态转移概率图 Transitional state diagrams"。

（四）老师批阅稿一

10 月 7 日，最大的启发："请特别注意修改和充实好论文结语部分。"结语部分应该考虑适当充实，可以至少挖掘和分为三个层次：对全文关于科学论证教学与信息通信技术深度整合意义和策略的论述进行小结，对其在科学教育乃至整合课目教学创新实践推广和借鉴进行简洁阐释，对进一步开展深入研究进行简洁阐释。最后能引用一句具有震撼力的话作为结语。"——需要思考我写这篇文章想说明什么问题，阐述什么观点，文章的目的、意义和价值（要有针对性)！——要学习发现问题！"

（五）老师批阅稿二

10 月 16 日，促使思考"信息技术支持和促进科学论证教学"的理论基础和心理机制，如何"论"？

二、对老师指导和批阅的理解及进一步学习的打算

（一）收集、筛选、阅读整理文献（2 个月）

1.《教育研究》新近发表的论文《论信息技术对教育发展的革命性影响》

目的：体会涉及"信息技术"的专题论文的理论水平要求

2. 知识创造学习隐喻——文化哲学的功能性本质观

3. 三元交互学习理论

4. 认知学徒理论——认知心理学、学习的认知机理

第2、3、4目的：

（1）提炼深刻而简洁的主题表达（"从什么到什么——论信息技术支持下的科学论证教学方式"，从资源获取到知识创新——论信息技术支持下的科学论证教学方式）并贯穿六个部分。

（2）以"三元交互学习"和"知识创新学习"思维和逻辑来进行清理和挖掘"当下的状况及其根本问题"。

（3）观照本文稿已有的六部分内容的实质，建构新文稿的内在逻辑。

（4）提炼和阐明"信息技术支持下科学论证教学方式"的几个侧面。

（二）做一个"我国科学论证教学研究的专题文献综述"，把我国的进展、成果和问题弄清楚——明确当下的状况及问题。（10天）

（三）努力学习和领会"建模"思维和技巧，并创绘一个模型图来表征，并配上简洁的文字阐释：网络化科学论证教学方式的"情景""组织""建构"以及"评价"之间的"认知逻辑联系"。（10天）

2014年5月17日，第二轮预见式行动研究期间，S3回顾并反思了博士学位论文的学研情况，制订了下一步的预见式行动学习计划，内容如下：

博士论文研究进展与安排

题目：整合浸入式科学论证教学的行动研究

一、研究进展

（一）试验阶段：2013年10月—2013年12月

时间：周日上午9点—11点

被试：10名大三师范生（自由报名方式）

组织：（1）提前三天布置论证题目，学生查阅资料准备

（2）教师说明论证问题和背景（约20分钟）

（3）分小组口头论证（自由分组/异质分组，三四人一组，约40分钟）

（4）小组代表汇报（约10分钟）

（5）小组间论证（约40分钟）

（6）教师总结（约10分钟）

（7）学生提交反思总结，三天内交

题目：

    (1) 社会科学性问题：来源于《义务教育化学课程标准》的辩论题

    (2) 化学高考典型题目

    (3) 相异构想（又称"错误概念""迷思概念"）题目：来源于国外文献

    (4) 探究性实验题——来源于国外化学教材

反思：

    (1) 论证题目设计：社会科学性题目开放性大，论证评价标准难以把握；高考题目有现成答案和研究，不易调动积极性；相异构想研究题目和探究性实验题较好，且来自于英文文献，学生比较陌生，开放性程度适中。

    (2) 论证组织：由于不是上课时间，学生有时会讨论一些与主题无关的内容；学生口头论证时间安排太长；另外学生讨论声音相互干扰大。这些原因导致难以将学生的讨论转化成文本资料。后面考虑书面论证方式，并以具体课程为依托。

（二）阅读文献和重新设计：2014 年 1—2 月

特别关注文献中如何进行数据收集和分析，收集论证题目、论证组织方式和论证评价方面资料。

（三）实施阶段：2014 年 3 月至今

背景："化学实验教学研究"属专业必修课，32 学时。220 名大三化学师范生，分 8 组，每组约 27 人，每星期安排 4 组学生实验，每个实验半天，两个星期轮完一个实验。该门课共安排八个不同类型的化学实验，我负责其中四个，是第八年上该门课程，熟悉教学内容和学生情况。

被试：其中的 6 组学生，约 160 人

流程：(1) 表现性评价测试 1

    (2) 以我负责的四个实验为依托，设计论证题目，作为实验报告的思考题要求学生认真完成（占实验报告成绩的 30%）

    (3) 每次实验前分析上次实验报告中的问题，介绍论证的相关知识

    (4) 表现性评价测试 2

自主管理课程开发的案例型预见式行动研究

实施：论证实施安排和说明见表 1。

表 1　论证实施说明

时间	原实验课题	书面论证活动	说明
第 2~3 周	实验设备、药品的管理与实验安全	表现性评价测试 1	了解学生现有书面论证水平
第 4~5 周	实验基本技能训练——加热操作与试管的使用	论证活动 1：不同用量的硫酸铜溶液与氢氧化钠溶液反应探究与解释	论证题目设计具有以下特点：①与课程原有内容整合。②开放性程度适中。③科学内容学习与论证技能学习整合。④论证与探究整合，突出探究中"基于证据的解释"。⑤初中、高中和大学化学知识融会贯通。⑥多学科知识整合（物理与化学）。⑦内容学习与信息技术整合
第 8~9 周	综合性实验及其教学研究——喷泉生烟实验	论证活动 2：论证不同气体是否能产生喷泉现象	
第 12~13 周	新型实验技术的应用	论证活动 3：手持技术支持下蜡烛燃烧实验探究与解释	
第 14~15 周	探究性实验方案设计与实施	论证活动 4：待定	
第 16 周	实验总结和清点仪器	表现性评价测试 2	课程实施后学生的书面论证水平

二、研究安排

（一）2014 年 5、6 月：继续完成论证活动 3 和 4，完成表现性评价测试 2。

（二）2014 年 7、8 月：整理分析数据，确定下学期研究设计；考虑在教育硕士课程中实施并对比。

（三）2014 年 7、8 月：修改《科学论证式教学：基本原理与教学方式》一文改投；根据现有数据和文献，考虑模仿撰写一篇英文小论文。

在师生共同体的帮助下，S3 数易其稿的专题论文《应用信息技术促进科学论证教学》在《电化教育研究》2014 年第 7 期上发表。在第二轮预见式行动研究结束时，S3 结合自己的心路历程，对该论文进行"动态解析"，分享了自己的学研体会。

一、文稿撰写经过和做法

（一）文献收集、阅读和整理

大量收集并筛选相关文献：文献综述；最新文献；重要文献的二次文献。

精读 10～20 篇英文文献，第一遍从头到尾阅读并做标记，第二遍翻译和抄录标记内容，第三遍有选择地阅读。

（二）初步构思并完成详细的文献综述

尽可能丰富和详细。

引用的地方要标注清楚，后面很有可能需要查证或深入挖掘。

（三）构思和确定论文的框架

参考现成的框架。

重新思考，可参考文献或阅读专著。

专著不在多而在精，选择自己读得下去或读来有感觉的，可以规定自己每天读一章。

边读书边思考，边验证所构思的专题论文的框架。

（四）撰写和修改论文

认真反复阅读老师的评语，画出或整理出关键词和句子。将问题分类，结合论文初稿思考以下问题，并规划接下来需要做什么，逐步执行。

主要存在哪些问题？

这些问题可以分为哪些类型？

哪些是可以即时改进的？

哪些是已有文献中提到但在论文中还未清楚呈现的？

哪些是自己之前完全没考虑到的？

还需要查找和阅读哪些方面的文献？

还有哪些不清楚的问题？

二、困难和解决办法

找不到需要的文献——平时要注意积累，不要到需要时才去找；一般会有类似文献。

英文阅读速度太慢——刚开始是正常的，重要的文献需要细致反复阅读和做笔记。

学习常被工作打断——不要完全放下，抽空想想或翻翻抄录和翻译的文献。

整体框架难以理清——阅读文献或专著，边阅读边思考，有意识地迁移。

问题剪不断理还乱——边学习边思考，一点点解决，要相信付出总会有收获。

修改已然无从下手——先搁一搁，但学习不要中断，柳暗花明又一村。

三、坚持的理由

现实需要。

老师的意见非常中肯，每一次修改和反思，就是一次学习与成长（做专题论文的过程就是学习的过程，哪里学习不到家，论文就会在哪些方面暴露弱点）。

机不可失，时不再来，珍惜向老师学习的时光。

四、收获以及建议

收获良多，难以枚举，简列如下：

有"结构"地思考问题（如阅读文献或著作时，先阅读和思考标题和标题间的联系）。

经历了专题论文写作的基本过程（文献阅读和整理；论文提纲撰写；论文行文前后呼应，避免重复，结构和形式规范等）。

修炼心智（敢于面对自己的困难和不足，才会有新的进步）。

了解科学教育的历史和最新进展。

给大家的一些建议：

选题：选择自己感兴趣的。如果老师肯定了所选的专题，就坚持做下去，除非老师让另找专题。专题不仅是学习内容，也是经历研究方法训练的载体或形式。

方法：做专题论文至少有几点是必要的：精读十篇以上筛选出来的文献；完整地读一本专著；按老师所说的六个方面研读一篇范文（行文功夫；正文多层内容和结构；正文多层内容的内在逻辑结构；引言、结语和正文内在结构与内容呼应；题目、摘要与正文关联；其他）。每个人都有自己的困难，关键是找到适合自己的且能有效解决困难的办法。技巧不能少，但基础是根本（"草场找乒乓球"的隐喻）。

S3 学习和研究的"科学论证教学"，国内相关研究仅限于个别理论的介绍，实行证的研究少且零散，而 S3 的研究是基于国外相关研究，对职前教师实施科学论证教学的行动研究，是将国际相关科学教育理论和经验进本土化的创新尝试，创生了知识。S3 还践行学研内容，在教师引领下，将"科学论证教学"应用到自己的教学实践中，优化了教学，提升了师范生的科学论证能力，也做到了自身的科研与教学等互相促进，实现了专业发展。

综上所述，引导性日志、问卷调查法和作品分析法这三种方法验证了：H 大学基于预见式行动研究开发的"教育与课程文化哲学专题研究"课程有效地提升了学习者的整体主义研究方法论素养，师生共同体创生并践行知识，实现了做人和做学问一体化，优化了生命。

对照中国学位与研究生教育学会重点课题"我国研究生课程现状调查与建设研究"课题组的调查结果，① 在课程价值取向和理念方面，H 大学基于预见式行动研究开发的"教育与课程文化哲学专题研究"课程与研究方向紧密结合，强调应用知识能力的培养，注重研究方法的训练；在课程设置需求和课程目标方面，该课程整合了研究方法课、专业前沿课和专业基础课，是实践类课程，其开展课语整合式学习，注重阅读和翻译英语文献，并倡导学生撰写英语论文；在课程内容方面，该课程注重在深入挖掘前沿专题的理论根源的同时提高理论素养，并践行他人的学研内容，拓展了知识面；在课程教学方法和课程管理方面，该课程注重讲授和研讨相结合，采用理论研习结合案例教学、预见式行动学习等多种方法，Q 老师还邀请著名学者做文献综述、英语写作等专题讲座，师生等在网络化合作活动学习中研讨交流、共同进步；在课程评价方面，该课程进行学习化评价，注重在文献综述、专题论文和开题报告的撰写修改和课堂分享的即时评价中促进学生提升创新能力。总而言之，该课程适切学生和社会的需求，具有超越性，基于预见式行动研究的这一新方法，对自主管理课程开发有效。

---

① 见文献综述部分。引自张祥兰，王秋丽，林莉萍. 影响学生科研能力培养的课程因素调查分析［J］. 学位与研究生教育，2010（5）：6－9.

第五章　原理阐释：自主管理课程开发实现创化①

开发"教育与课程文化哲学专题研究"课程的案例验证了基于预见式行动研究自主管理课程开发卓有成效，那么，基于预见式行动管理课程开发的原理是怎样的呢？下文予以分析。

第一节　开发原理：建构模式

当代课程开发中最有影响力的理论模式——目标模式过于强调预期行为结果，忽视了教师和学生的才能，不适合需要提升研究性的教师和学生创造性地开发课程。美国著名学者施瓦布（Schwab，J. J.）指出，人们以往一味地去寻找课程开发的一般理论，忽视回答实践中的具体课程问题，已使课程开发误入歧途。他长期探究课程开发模式，从对理论的追求，转至与理论有明显区别的新模式——实践折中模式。实践折中模式以解决课程实践的具体问题为核心，要求在课程探究中，研究者必须亲临具体实践现场诊断情境。可见，就连重视实践的实践折中模式也只是重视课程开发主体亲临实践现场，但课程开发者与师生是分离的，不适合师生作为开发者自主管理课程开发。已有的课程开发模式有其各自的适用范围和时代，但不适合开发创新性课程。在倡导课程开发者与学习者统一的当代，需要建构课程开发者与学习者同一的创新性课程开发模式，需要师生学习者自主管理课程开发。

要会"研究"，不仅要创新知识，还要灵活应用知识。预见式行动研究强调研究与行动整合，在研究中创新知识，在行动中灵活应用知识（践行）。基于"学习即知识创造"的隐喻，学习应该是创造知识的研究性学

---

　　① 本章内容在我的论文《基于"预见式行动研究"的创化模式》的基础上加以修改、完善而成，该论文已发表于《高教探索》2017 年第 1 期。

习，学习与研究是融为一体的。师生基于预见式行动研究开发创新性课程，自己的学习也是研究的对象，要践行学研内容，进行预见式行动学习。预见式行动学习是一种面向未来的行动学习，行动学习是计划、实施、总结、反思进而制订下一步行动计划的循环学习过程。预见式行动学习更强调预见性、前瞻性，结合职业生涯规划制订并不断调整学习计划，包括预见、计划、实施、总结、反思、再预见、再计划等环节。基于注重"践行"的预见式行动研究/学习，边行动、边研究、边创新，更利于将学研内容应用到生活中，做到学习与生活同一、做人与做事同一，从而优化生命。课程开发有众多利益相关者，师生可以用预见式行动研究的另一种代表性方法——"对话未来法"尽可能多地吸纳远见，开阔视野。① 预见式行动研究强调所有行动者平等对话，达成共识，还强调过去、现在和未来是互为因果的，在对话未来的同时要反思过去和现在。② 基于注重"对话"的预见式行动研究开发创新性课程，能更好地融合多元观点，拓展知识，更彻底地反思过去和现在，更长效地创建未来。

　　注重创新、践行和对话的预见式行动研究适合开发创新性的课程。应用预见式行动研究自主管理课程开发，师生在行动和研究紧密结合的互动过程中形成开发者和学习者同一的共同体，预见未来社会需求，结合管理部门、用人单位等的要求，自主管理课程开发，结合职业生涯规划等立足前沿"做中学"，不断拓展知识面，在面向未来的行动研究、课程开发与行动学习整合的活动中创生文化并践行，同时优化生命。

　　借由案例型预见式行动研究自主管理课程开发，形成了课程开发的"创生文化—优化生命"模式，简称"创化模式"，这是一种适合开发创新性课程的新模式，能够满足"创化"需要。"创化"一词的内涵极其丰富。郭沫若在《中国古代社会研究》第一篇第三章第三节写道："知识本是从客观来的，但是渐渐把它升华起来，化成了神明。回头再由这神明来创化天地万物。这是世界的倒置。"中国知网上题含"创化"的文献有《生命创化的至境》《宇宙自然本质力量的自由创化是自然美的根源》《王小波小说艺术的渊源与创化》《人文生态：文艺民俗的创化模式与审美向度》《传

---

① 蔡泽俊，左璜，黄甫全. 预见式行动研究：一种面向未来的行动研究新范式［J］. 电化教育研究，2012（2）：26－31.

② 邓永超，黄甫全. 原因层次分析法：预见式行动研究的有效方法［J］. 电化教育研究，2014（6）：21－28.

统伦理资源的开掘与创化——立足现代化与全球化的双重视阈》《新世纪长篇小说视角的复归与创化》《从识心创化的角度看梁漱溟思想中的儒佛二重关系》等。本书中"创化"的含义是："创"即"创生"，"化"即"向文而化"和"优化"，"创化"是指创生文化并向文而化，从而优化生命，也即创生并践行知识，从而优化生命；还可理解为"人在创生文化并与文化整合中双向创化"，人"通过创生文化并向文而化"与文化"双向创化"。课程开发的创化模式，意即课程开发实质是师生合作创生文化同时优化生命的特殊活动。

创化模式之所以适合开发创新性课程，是因为"创生文化/知识"是创新性人才培养的突出要求和课程的应有特色，"践行知识/向文而化"更利于深刻领悟和灵活应用知识，"优化生命"是课程的本质内涵和价值诉求。

文化哲学强调各种文化的整合和沟通，"确立多元共存的价值取向"。①基于文化哲学的整体主义致思理路，"创化模式"整合了多种课程开发模式的精华，超越了一些局限性，是一种凸显优势的课程开发新模式。

一、吸纳"目标模式"之精华

创化模式吸纳了目标模式注重目标的精华，超越了其过分强调预期行为结果的缺陷。创化模式的课程目标不是预先确定的，而是在课程开发的过程中动态生成的。整体目标是师生等多个课程开发主体协同制定的，只是一个大的发展方向；而个体的具体目标由个人根据自己的基础、个性、兴趣和职业生涯规划等自主制订，并在教师等指导下修订。每个人的目标是不同的，可分为短、中和长期目标，在其发展过程中是不断调整的。

二、吸纳"过程模式"之精华

创化模式吸纳过程模式重视过程和评价的精华。过程模式主张：评价的重要性不在于预期目标是否实现，而在于向教师反馈教育过程的各种信息，包括向学生反馈其学习状况和结果的各种信息。但"过程模式在一定意义上依赖于教师发展，只有教师发展了，知识水平提高，技能熟练了，

---

① 曾文婕．论文化哲学的方法论意蕴［J］．南京社会科学，2012（8）：140．

能力发展了，才能实施过程模式"。① 创化模式超越了过程模式对教师的依赖性，主张学生自主学习，也可以与同学通过对话未来法开展合作学习，还倡导学生应不依赖教师指导而逐步学会独立开展研究。

三、吸纳"研究模式"之精华

创化模式吸纳研究模式之"以尊重人类多元文化价值观为立足点和归宿点，强调以培养学生的文化价值和态度为重点，在研究的基础上进行，课程研制者应成为调查者，课程要帮助学生弄清他们自己的态度，协助学生寻找出隐藏其后的偏见和动机，弄清冲突中的情感内容"等观点。创化模式以文化哲学为理论基础，尊重多元文化价值观，采用对话未来法调查了解并吸纳多方的观点，将研究与行动融为一体，注重"践行"，应用"能解构隐藏的世界观、态度和情感等"的原因层次分析法帮助学生"寻找出隐藏其后的偏见和动机"等，从而变革不合理的现实，建构更合理的未来。而且创化模式超越了研究模式认为的"首要的不是使课程开发者成为创造者或使用者角色，而是成为调查者角色"，创化模式主张课程开发者是创造者、使用者和调查者等多种角色的统一体。

四、吸纳"情境模式"之精华

创化模式吸纳情境模式之"着重于进行文化选择，使课程生成于时代文化之中，评价范围具体包括学生在课堂活动中的进步情况，以及包括学生态度在内的各方面的学习成果等，并以此作为反馈与重建的内容和依据"等观点，超越情境模式认为"哲学、社会学和心理学都不能作为课程研制的唯一基础，只有在对社会总体文化进行分析的基础上，阐明课程与文化的关系，才能制订出全面、合理的课程研制方案"的观点，也不局限于其代表人物劳顿"特别关注公共基础文化，强调达成学科间的平衡"的观点。创化模式主张从实际出发，利益相关者"平等对话未来"，根据具体情境选用一种或整合多种理论，不苟求一定要全面应用和平衡。②

---

① 引自黄甫全教授等的全国教育科学"十五"规划教育部重点课题"中小学学习化课程的理论与实验研究"最终成果《学习化课程论稿——课程文化哲学初探》，第 139 – 140 页。

② 引自黄甫全教授等的全国教育科学"十五"规划教育部重点课题"中小学学习化课程的理论与实验研究"最终成果《学习化课程论稿——课程文化哲学初探》，第 140 页。

五、吸纳"实践折中模式"之精华

创化模式吸纳了实践折中模式的四大主张。一是吸纳其重视"可供选择方案的预先生成"的主张。创化模式用预见式行动研究预测未来并建构多元方案供选择。二是吸纳其折中地"全面地考量和运用课程理论"的主张。创化模式主张师生等根据实际需要灵活创用或选用适切的课程理论。三是吸纳其认为"教师、学生、学科内容和环境之间的相互作用具有整体性"的主张。创化模式通过师生共同体践行学研内容,整合这四者之间的相互作用,除此之外,师生还主动与其他利益相关者"对话"。四是吸纳其"以解决课程实践的具体问题为核心,问题来源于具体的实际情境,要探明问题的根本原因,寻找解决问题的办法"的主张。[1] 创化模式采用原因层次分析法,从根源上彻底解构实际情境中存在的问题,并找到长效解决问题的办法。创化模式还超越实践折中模式强调的"研究者必须亲临具体的实践现场",更进一步强调"研究者就是实践现场的学习与课程开发统一体",强调师生都要边学习、边开发、边研究、边改进,强调课程开发就是师生自我开发的过程。

第二节　模式原理：实现创化

卡西尔(Cassirer, E.)在《人论:人类文化哲学导引》一书中论证了:人只有在创造文化的活动中才能成为真正意义上的人,也只有在文化活动中,才能获得真正的自由。[2] 教师和学生应用创化模式自主管理课程开发,在文化活动中创造了文化,获得了真正的自由,优化了生命。下面从"共时存在""历时进程"等维度来分析"创化模式"的原理。

---

① 引自黄甫全教授等的全国教育科学"十五"规划教育部重点课题"中小学学习化课程的理论与实验研究"最终成果《学习化课程论稿——课程文化哲学初探》,第141页。
② 卡西尔. 人论:人类文化哲学导引·中译本序 [M]. 甘阳,译. 上海:上海译文出版社,1985.

一、共时存在：整合多元

"人与文化的问题，是文化哲学中的一个核心问题。"① 文化哲学强调"以贯通一体的整体性思维方式分析事物"。② 人的生成性和文化的为人性都内在地要求人与文化彼此整合。③ 课程的共时要素包括教师、学生、内容和环境。④ 课程开发的实践折中模式认为，教师、学生、学科内容和环境之间的相互作用具有整体性。⑤ 基于文化哲学，创化模式吸收了实践折中模式的这一观点，师生合作，还主动吸收其他开发主体的观点，在整体性的环境中创生并践行课程内容，整合了多元的共时要素。

1. 合作式的师生关系

开展预见式行动研究/学习，需要参与者互相合作，形成学研共同体。基于预见式行动研究自主管理课程开发，教师和学生在预见式行动研究/学习的活动中形成合作式的师生关系：教师促进和领导学生学习；学生互为促进者，互为课程管理者，也管理自己的学习；师生还都是行动者、研究者、学习者、知识创造者和课程开发者等的统一体。

2. 创生性的课程内容

创化模式开发课程强调学习者研究新颖专题以创生文化。预见式行动研究彰显创生性和预见性，师生要预见学科发展趋势和未来社会需求，立足前沿创新。选择有代表性的学生分享新颖专题和学习体会等，既促进了分享者的反思和元学习，又有利于共同体交流、碰撞出新观点。课程内容根据学习需求和学习进度不断创生。

3. 整体性的开发环境

创化模式的课程开发环境是整体性的网络化合作活动学习环境，包括自主学习环境、学生结对子合作环境、小组合作环境、全班合作活动学习环境、学习与生活一体化的环境、传统课堂学习环境、互联网学习环境、非人行动者互动环境、人与非人行动者互动环境等，是个人与自我、教

---

① 丁恒杰. 文化与人［M］. 北京：时事出版社，1994：94.

② 曾文婕. 论文化哲学的方法论意蕴［J］. 南京社会科学，2012（8）：140.

③ 曾文婕. 文化学习引论——学习文化的哲学考察与建构［D］. 广州：华南师范大学，2007：37－41.

④ 黄甫全. 现代课程与教学论：第三版［M］. 北京：人民教育出版社，2014：81.

⑤ 引自黄甫全教授等的全国教育科学"十五"规划教育部重点课题"中小学学习化课程的理论与实验研究"最终成果《学习化课程论稿——课程文化哲学初探》，第142页。

师、同学或其他开发课程的人类行动者、自然界行动者、技术行动者、观念行动者互动的文化创生环境。

总之，创化模式通过师生共同体之间的学习活动、人与文化双向创化的学习活动、人与自我之间的学习活动等整合了教师、学生、课程内容和开发环境这些共时要素。师生形成合作式的学研共同体，在整体性的环境中，创生并践行课程内容/文化，在"向文而化"中与课程内容和文化环境整合。

二、历时进程：循环创建

文化哲学"重视以历时意识来分析对象，以历时态视野来观照事物"。[①] 19 世纪著名教育家夸美纽斯指出："教育是生活的预备。"[②] 他认为课程的最大价值在于为受教育者未来生活提供充足的理性准备，课程观的路向是沿着"人的未来生活—人的现实生活—人的现实生活和可能生活沟通"的道路展开的。基于预见式行动研究自主管理课程开发，弘扬预见未来，为未来生活提供充足的准备。课程开发历时进程的三阶段（课程规划、课程实施和课程评价）和六要素（课程哲学、课程目标、课程内容、教学方法、评价反馈和课程管理）与预见式行动研究循环往复的五个环节（预见/建构未来、研究规划、行动实施、观察评价、反思改进/预见）融为一体。

1. 预见/建构未来

第一轮预见式行动研究的第一个环节是"预见未来"，之后轮次的第一个环节是"建构未来"。在预见未来环节，课程开发主体（含师生）要先调查学生的学习困难，用原因层次分析法深入到客观原因层、世界观层和无意识层，解构学生存在不足或学习困难的成因，了解学生、用人单位等的需求，预测社会和学生的发展趋势，预见课程开发中可能出现的问题，提出长效的解决措施，合作开发几种课程方案以供优选。在建构未来环节，学生根据前面轮次的学习情况，自主开发课程内容，规划下一轮的预见式行动学习，进行职业生涯规划。师生等课程开发主体根据社会发展趋势和学生的职业生涯规划等，合作开发学生未来要达到的弹性目标，建

---

① 曾文婕. 论文化哲学的方法论意蕴［J］. 南京社会科学，2012（8）：139.
② 夸美纽斯. 大教学论［M］. 傅任敢，译. 北京：教育科学出版社，1999：49.

构课程开发的多元方案以供优选。

2. 研究规划

在研究规划环节，课程开发主体根据上一个环节的调查结果，合作选择最佳方案，进行课程规划，设计课程的历时六要素（可初步设计为：课程哲学是文化哲学；课程目标是创生并践行知识；课程内容是夯实理论基础，关注学科前沿并在研究中拓展课程内容；教学方法是预见式行动学习、原因层次分析法、理论研习结合案例教学和/或"五维三层六勤"高级学研方法等；评价反馈是学习化评价；课程管理是学生在预见式行动学习中自主管理，师生共同体互帮互助，开展网络化合作活动学习）。师生等合作制订（修订）课程开发的预见式行动研究方案。学生根据自己的兴趣、基础和职业生涯规划等，结合前面的学习情况，自主制订（修订）"预见式行动学习"计划。

3. 行动实施

在行动实施环节，师生等课程开发主体将上一个环节设计的课程历时六要素投入课程实施，开展网络化合作活动学习，同时对课程开发实施预见式行动研究，并在实施中不断调整预见式行动研究方案。学生实施预见式行动学习，采用"五维三层六勤"高级学研方法等，根据学习进展不断调整预见式行动学习计划，用原因层次分析法克服不足或学习困难，"自主开发"课程内容，创新并践行知识。教师采用理论研习结合案例教学等方法，引领学生实施预见式行动学习，对学生的学习实施预见式行动研究，并不断调整课程内容、教学方法和课程管理等。

4. 观察评价

在观察评价环节，师生合作开发评价反馈，用三种及以上的研究方法收集学生的学习结果等资料，以便三角验证课程是否有效。课程开发主体进行课程评价，对学生的学习进行学习化评价，帮助学生用原因层次分析法克服不足和学习困难。学生自主评价自己的预见式行动学习，并进行同伴互评，还对课程规划、课程实施等进行评价。教师进行"课程评价"，用原因层次分析法对学生的学习及自己的学习和教学进行评价，对自己的课程开发行动和预见式行动研究等进行评价。

5. 反思改进/预见

第一轮预见式行动研究的第五个环节是"反思改进"，之后轮次的第五个环节是"反思预见"。两个环节都注重反思，师生都要根据观察评价环节的结果，全面反思课程开发的行动和对此行动进行的预见式行动研究，对存在的不足进行原因层次分析，提出良策，合作改进课程开发方案。不过，"反思改进"环节更侧重"改进"：原因层次分析法的客观原因层、世界观层和无意识层各有多重解决问题的对策，在课程开发行动中可以不断优选对策和改进。教师改进教学方法、评价反馈、课程管理等课程要素，学生自主改进自己的学习，师生等课程开发主体合作改进课程开发方案等。而"反思预见"环节更侧重"预见"：课程开发主体对课程规划和课程实施的结果进行比较，预见下一步可能出现的问题，"合作开发"几种课程方案，供下一轮预见式行动研究选用。

创化模式强调师生等利益相关者预见社会的未来需求和个人的发展趋势，更长远地进行课程规划，在循环的预见式行动研究中进行课程实施，采用原因层次分析法等进行课程评价。课程开发的方案和预见式行动研究/学习的计划等制订后，在课程实施、课程评价中循环改进，更利于师生等在合作开发课程中创建未来。

总之，教师和学生应用创化模式自主管理课程开发，在文化活动中创造了文化，获得了真正的自由，优化了生命。

结　语①

　　威尔斯（Wells，H. G.）几十年前就指出，人们真的应该好好地思考及参与未来了。未来学家尼葛洛庞帝（Negroponte，N.）还指出："预测未来的最好办法就是把它创造出来。"② 我们总结过去和现在，思考并创造未来。

　　本书对课程开发进行了理论、实践和原理探究，结论为：预见式行动研究适合自主管理课程开发。具体来说：在追求人与文化统一、学习者与课程统一的当代社会，课程就是人的学习生命存在及其优化活动，课程开发就是学习者自我开发，就是要"通过学习优化生命"。课程开发就是学习者自我开发，要求学习者自主管理课程开发，就是要师生"创生文化并向文而化从而优化生命"。要培养"研究"型学生，需要拓展知识面，科学地预见专业发展趋势，立足前沿，创造性地开展研究，特别需要提升创生和预见能力。学生要创生知识，需要冲破思维定式、陈旧观念等的束缚。但构成这些的逻辑支点是具有"逻辑强制性"的隐匿的"手"，制约人的思维和行为按照既定的路径进行。只有深入"隐匿"的世界观，改变制约人之思维和行为的逻辑支点，创建出更合理的支点，新的思想和行动才能真正生效。而且学生在钻研高深知识时可能遭遇困难，出现无意识的畏难、焦虑情绪等，无意识通常连自己都难以察觉到，要借助隐喻才能意识到。预见式行动研究的具体方法"原因层次分析法"的创新之处就在于刚好能深入一般的分析法难以触及的世界观层和隐喻层，彻底消解思维定式、陈旧观念和畏难、焦虑情绪等，从而更利于创生知识。预见式行动研究是面向未来的行动研究新范式，强调在行动中研究，在研究中行动，不断预见并创生未来。教育要面向未来，要培养能长远地预见并创建未来的创新型学生，需要选择创生性的预见式行动

---

　　① 本部分内容在我的论文《基于"预见式行动研究"的创化模式》的基础上加以修改、完善而成，该论文已发表于《高教探索》2017年第1期。

　　② 尼葛洛庞帝. 数字化生存［M］. 胡泳，范海燕，译. 海口：海南出版社，1997：9.

研究，开发创生性的课程。师生基于预见式行动研究自主管理课程开发的内涵是：师生在行动和研究融为一体的活动中形成开发和学研共同体，预见未来社会需求，结合管理部门、用人单位等的要求，自主管理课程开发，结合职业生涯规划等立足前沿"做中学"，不断拓展知识面，在面向未来的行动研究、课程开发与行动学习整合的活动中创生文化，并向文而化，实现与文化的双向"创化"。我们以 H 大学基于预见式行动研究开发"教育与课程文化哲学专题研究"课程为案例进行探究，利用引导性日志、问卷调查法和作品分析法验证了预见式行动研究自主管理课程开发的有效性。借由案例型预见式行动研究自主管理课程开发，形成了课程开发的创生文化—优化生命模式（创化模式）。创化模式是一种新的课程开发模式，整合了多种开发模式的精华，克服了一些局限性。创化模式的基本原理包含：共时存在是整合多元、历时进程是循环创建等。下文分析"创化模式"的模型图和特点等。

一、课程开发创化模式的模型图

课程开发创化模式的可操作性很强，在应用中可以按照一定的环节进行。当然，在实践中应该根据具体情况"创生"。创化模式的模型图如下：

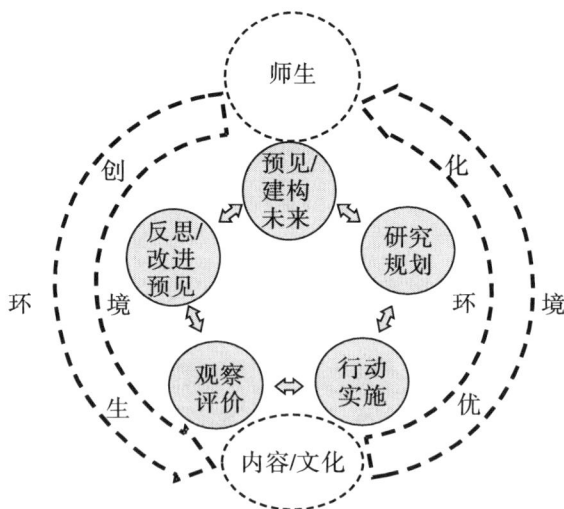

课程开发创化模式的模型图

如上图所示，预见/建构未来、研究规划、行动实施、观察评价、反思/改进预见五个圆圈代表预见式行动研究的五个环节；师生、内容/文化、环境为课程开发的共时存在，"环境"没有边线，意指包罗万象和潜移默化。预见式行动研究的五个环节圆之间的双向箭头特指环节可逆和循环优化。"师生"圆与"预见/建构未来"圆相交，是指师生是课程开发的主体，师生循环进行预见未来（建构未来）、研究规划等，也指课程开发的共时存在与历时进程是相通的。师生、内容/文化及五个环节都用圆圈意蕴不断优化以通达圆满。师生"创生"内容/文化，内容/文化"优化"师生的两边箭头组成的形状类似于圆，内蕴师生与文化循环地双向创化、整合同一之意，即"创生文化—优化生命"。圆边和箭头用虚线表明包容、开放，与周围环境融为一体。

从历时进程来看，师生作为课程开发的主要参与者，主动同其他开发主体合作，通过预见式行动研究的预见未来（建构未来）、研究规划、行动实施、观察评价、反思改进（反思预见）和再次建构未来等环节，将课程规划、课程实施、课程评价的"行动"及对"行动"开展的"研究"融为一体，循环创建未来。

从共时存在来看，师生在整体性环境中创生课程内容并向文而化，多元课程要素融合为一。预见式行动研究强调行动与研究合二为一，倡导践行。课程内容是文化精华，创生并践行内容/文化的同时，也优化了师生的生命。

凸显创生性、预见性和行动性的预见式行动研究，特别适合需要预见未来并创新知识的学生及其教师等用来开发创生性的课程。师生通过预见式行动研究，整合了课程开发的历时进程和共时存在，在研究与行动紧密结合的循环创建的历程中，在整体性的环境中，创新课程内容，以学为本、整合多元，与文化双向创化，实现了优化生命的价值诉求。

二、课程开发创化模式的特点

基于预见式行动研究自主管理创新性课程开发的创化模式具有活动性、创生性、反思性、行动性和整合性等特点。

1. 活动性

预见式行动研究/学习是在活动中进行的。创化模式的"活动"涵括师生等课程开发利益相关者之间的活动、人与文化双向创化的活动、人与自我之间的活动（如自主用原因层次分析法剖析自我）等，是网络化的合作活动。

2. 创生性

高校课程尤其要突出创新性，教师引领学生形成学研共同体开展预见式行动学习/研究，要始终面向未来并对话未来，要立足前沿，选择新颖专题，创新和生成知识。创化模式凸显创生性。

3. 反思性

创化模式注重采用原因层次分析法，反思学习困难和课程开发所存在问题的成因，用哲学反思革新思维定式、陈旧观念等，用解构隐喻改变不良情绪、消极心态等，通过教师反思、教师引领学生反思、学生自主反思、同伴互相促进反思等彻底克服不足。

4. 行动性

师生共同体要对课程开发进行预见式行动研究，要主动开展预见式行动学习，要面向未来"做中学"，在行动中研究/学习，在研究/学习中行动，创生实践知识，践行学研内容，做到知行合一。

5. 整合性

创化模式开发的课程是一种整合课程，整合了学科课程和活动课程，本质上是整合的学习化课程。师生以学为本整合成学研共同体，在整体性的开发环境中开展网络化合作活动学习，创生文化并向文而化，实现人与文化的整合。

卡西尔建构起了庞大的人类文化哲学体系，使文化哲学作为当代哲学形态登上了历史舞台。他指出："人的突出特征，人与众不同的标志，既不是他的形而上学本性也不是他的物理本性，而是人的劳作（work）。正是这种劳作，正是这种人类活动的体系，规定和划定了'人性'的圆周。"[1] 在卡西尔看来，人的本质永远处在制作过程之中，它只处在人的劳作之中，只存在于通过劳作而不断创造文化的活动过程之中。所以，人性并不是一种实体性的存在，而是人自我塑造的一种活动过程，真正的人性就是人的无限的创造性活动本身。[2] 创化模式不仅是一种课程开发模式，也是一种课程开发理念。根据"课程是人的学习生命存在及其优化活动"的概念界定，课程都要"优化生命"。创生知识有不同层次和形式，有"知识创造学习"奠基，创化模式也可以用于开发其他凸显创生性的课程以创造文化、优化生命。我们在应用创化模式开发其他课程时，关键是要

---

① 卡西尔. 人论：人类文化哲学导引［M］. 甘阳，译. 上海：上海译文出版社，1985：87.
② 引自华南师范大学黄甫全教授给研究生上"教育科研方法"课程的讲义。

做到：以文化哲学为课程哲学，以"创生并践行知识"为弹性课程目标。但不要局限于本研究中所采用的方法和形式，要优化和创生"创化模式"，具体的课程内容、教学方法、评价反馈、课程管理、开发环节和流程等，应该根据具体课程类型、学生的身心特点，社会对学生的要求，开发主体及环境等作调整。文化是人的自我生长、自我组织过程，[①] 可以预见，人们在应用"创化模式"开发课程的过程中，将在创造文化并与文化整合的学习活动中自我生长、自我组织，不断完善、持续发展，实现人和文化的双向创化！

---

① 李鹏程．当代文化哲学沉思［M］．北京：人民出版社，1994：68－70．

附　录

附录1　学生的引导性日志

该课程要求学生积极撰写引导性日志，反思自己的学研。课堂上分享专题研究的学生参照《课堂分享的引导性日志提纲》进行分享，其他学生在听取他人分享的基础上，分别撰写相应的引导性日志。如果没有学生分享专题，学生则撰写日常的引导性日志。

一、课堂分享的引导性日志提纲

教师选择有代表性的学生在课堂上分享专题研究作业并交流学研心得，请分享的同学主要从以下几方面反思：

1. 我是如何努力使作业达到五维度的要求的？
2. 根据师生建议，我的材料做了哪几方面的完善，自己有何收获？
3. 在学习过程中，我遇到了什么学习困难？是否存在客观原因、思维定式或习惯、情绪方面的原因？我是如何做的？
4. 我将所学内容践行于生活中了吗？是如何践行的？有什么收获？

二、点评"选题设计分享"的引导性日志提纲

亲爱的同学们：

良好的选题开端是学研成功的一半。×月×日，我们分享了同学们的选题。为了更好地完善选题从而高效地学研，让我们互相帮助、合作学习吧！请各位同学互评本组同学的选题，并进行反思。题目一列请相应填入本组同学的选题。温忠麟主编的《教育研究方法基础》指出，对教育研究选题的评价包括研究是否有意义、有可行性、新颖和具体明确。请从这四

个维度及"两个选题的适宜性"进行评价和提建议。下表最后的"学"即从老师和同学身上所学到的;"问"即自己存在的问题及对策,他人的选题等存在的不足及建议;"做"即如何把所学内容践行于实际的学习和生活中。

表1　主标题
——某某关于选题设计的反思

维度	前沿主题、研究方法、方法论	三个选题的适宜性	有意义	有可行性	新颖	具体明确
评价并建议						
学						
问						
做						

三、点评"文献综述分享"的引导性日志提纲

亲爱的同学们:

文献综述是一切学术研究的起点和基础,也是一种传统而有生命力的具体研究方法。×月×日,同学们分享了文献综述,使我们获益良多。让我们也贡献自己的建议吧!请按照下表中的"文献筛查科学"等六个维度进行评价,提出建议,并进行"学""问""做"三层面的反思。"学"即从老师和同学身上学到的;"问"即自己存在的问题及对策,文献综述存在的不足及建议;"做"即如何把所学内容践行于实际的学习和生活中。

表2　主标题

——某某关于文献综述分享的反思

维度	文献综述题目	文献筛查科学	内容综述详尽	层次框架合理	文献述评准确	前沿课题明晰	格式用语规范
评价并建议							
学							
问							
做							

四、点评"专题论文分享"的引导性日志提纲

亲爱的同学们：

　　学而记，则得；记而思，则新；思而改，则达！好文章是改出来的。×月×日，同学们分享了论文，使我们获益良多。让我们也贡献自己的建议帮助他们修改吧！请参考《"五维三层六勤"高级学研方法》，从"材料新颖精要"等五个维度进行评价，提出建议，并进行学、问、做三层面的反思。"学"即从老师和同学身上所学到的；"问"即自己存在的问题及对策，文稿存在的问题及建议；"做"即如何把所学内容践行于实际的学习和生活中。

表3　主标题

——某某关于论文分享的引导性日志

维度	论文题目	材料新颖精要	大小标题醒目	逻辑严密	层次清晰	文采飞扬
评价并建议						
学						
问						
做						

五、日常的引导性日志提纲

亲爱的同学们：

子曰："学而不思则罔，思而不学则殆。"学而思则慧，思而扩则茂，扩而深则雅，深而理则达！反思是深入深层学习的基本标志和基本方法。只有反思、总结自己的学习，才能将自己意识到和没意识到的东西反思出来。问题意识和提问技能，是在日常学习中一点一滴积累起来的。让我们按照《"五维三层六勤"高级学研方法》的要求努力学习，"吾日三省吾身"，从以下三层面反思，让我们这个奋发向上的学习共同体互相帮助、共同进步吧！

表4　主标题
——某某引导性日志之几

学	这段时间我从老师、同学和文献中学到了什么具体内容，是怎么学的？
问	在学研过程中，我存在怎样的问题、不足或困难？所看的材料存在什么问题？是有什么思维定式、习惯、观念、情绪或潜意识等造成了这些问题、不足或困难吗？我要如何解决？我需要老师或同学给予我哪些帮助？
做	根据以上收获和问题，对自己进一步的学研和其他方面有何打算？我是否践行了在学研和分享中学到的好的理念？践行对我有何帮助？

附录 2 教师的引导性日志

目前学生存在哪些学习困难?

是什么原因造成的?

我采取了哪些措施解决?

哪些措施有效? 哪些措施还需改进?

下一步的教学我要注意什么?

附录3　学习需求和建议日常调查

亲爱的同学们：

大家好！

为了更好地促进我们的学习，我们需要了解大家的学习需求以及对该课程有何宝贵建议。请大家放心填写自己的学习需求和建议。关于填写内容，我会尊重和保护大家的个人信息。

请大家详细表述自己的学习需求和建议，并请在每次课后的下一个周三前发送至老师的邮箱。谢谢您的参与和配合！

表1　我目前的学习需求

项目	选题等	文献查阅等	文献综述等	方法设计	论文主题提炼/层次/逻辑/标题等	开题报告	其他方面
目前我遭遇的学习困难							
我希望老师或同学多介绍的知识							

表2　我对课程的建议

类别	课程哲学	课程目标	课程内容	教学方法	评价反馈	课程管理	其他方面
建议							

调查到此结束，再次感谢您的积极参与和大力支持！诚挚祝福您学业有成、万事如意！

附录4 第一轮预见式行动研究开始时的调查

亲爱的同学：

您好！

在进行预见式行动研究开发"教育与课程文化哲学专题研究"课程的过程中，我们作为学习者尤其要积极参与该课程的开发。沟通促进了解，了解提升成效，为了我们自身的学习更有成效，为了我们这个学习共同体的发展，让我们集思广益、群策群力吧，请大家一定要畅所欲言啊！

本调查是匿名进行的，我会严格为大家保密，请您开诚布公地填写。真诚感谢您的积极参与和大力支持！

1. 对于"教育研究方法"课上学生进行专题研究，您觉得自己遭遇到哪些学习困难，请用原因层次分析法分析并提出对策。

	原因	对策
制度等客观原因		
思维定式、习惯或旧观念		
心态，畏难、焦虑、不安或厌烦等情绪		

2. 您希望"教育与课程文化哲学专题研究"课程突出哪些内容？

类别	希望该课程突出的内容
选题等	
文献查阅等	
文献综述等	
专题论文撰写等	
其他方面	

3. 您对"教育与课程文化哲学专题研究"课程规划有何设想？

该课程的要素	设想的课程方案
课程哲学	
课程目标	
课程内容	
教学方法	
评价反馈	
课程管理	
其他方面	

调查到此结束，再次感谢您的积极参与和大力支持！诚挚祝福您学业有成、万事如意！

附录5 第一轮预见式行动研究结束时的调查

亲爱的同学：

您好！

经过一段时间的学习，您一定很有收获吧？也有许多需求或感想吧？为了不断优化该课程，使之更好地促进我们的成长，需要我们这些学习者畅所欲言，表达所思所想。让我们集思广益、群策群力，更多地奉献自己的智慧和力量吧！

本调查是匿名进行的，我会严格为大家保密，请您开诚布公地填写。真诚感谢您的积极参与和大力支持！

1. 师生协同规划了"教育与课程文化哲学专题研究"课程的六要素，课程实施到如今，您对该课程的规划和实施有何看法和建议？请进行课程评价并提出建议。

课程要素原有规划	课程评价和建议
课程哲学：文化哲学	
课程目标：创生并践行知识	
课程内容：关注学科前沿并围绕学生的专题研究拓展课程内容	
教学方法：原因层次分析法、课语整合式学习、文化学习、知识创造学习	
评价反馈：学习化评价	
课程管理：网络化合作活动学习	
其他方面：	

2. 现在与 2013 年 9 月相比，您在以下方面有何提高？希望老师和同学能帮助到什么？

类别	已经提高的素养	下一步努力方向
选题		
文献查阅		
文献综述		
专题论文		

调查到此结束，再次感谢您的积极参与和大力支持！诚挚祝福您学业有成、万事如意！

附录6 第二轮预见式行动研究"研究规划"环节的调查

亲爱的同学：

您好！

经过第一轮预见式行动研究的学习和总结，您一定很有收获吧？我们现在开始了第二轮预见式行动研究。为了不断优化该课程，使之更好地促进我们的成长，需要我们这些学习者继续畅所欲言，让我们更多地奉献自己的智慧和力量吧！

本调查是匿名进行的，我会严格为大家保密，请您开诚布公地填写。真诚感谢您的积极参与和大力支持！

1. 您希望通过"教育与课程文化哲学专题研究"课程的学习，还需要提升哪些方面的素养？

类别	还需要提升的素养
文献查阅等	
文献综述等	
专题论文撰写	
其他方面	

2. 现在与2014年1月比，您觉得该课程的六要素实施效果如何？还有何问题待改进？

课程要素	原有规划	实施效果	待改进之处
课程哲学	文化哲学		
课程目标	创生并践行知识		
课程内容	关注学科前沿并围绕学生的专题研究拓展课程内容		

（续上表）

课程要素	原有规划	实施效果	待改进之处
教学方法	原因层次分析法、课语整合式学习、文化学习、知识创造学习		
评价反馈	学习化评价		
课程管理	网络化合作活动学习		

　　调查到此结束，再次感谢您的积极参与和大力支持！诚挚祝福您学业有成、万事如意！

附录 7　第二轮预见式行动研究结束时的调查

亲爱的同学：

您好！

坚持就是胜利。经过坚持不懈的学习，您一定收获颇丰吧？您的学习需求是否得到了满足？让我们在成长路上继续及时沟通、互相扶持、共同进步吧！我们这个学习共同体的发展有赖于你我每一个人的畅所欲言！

本调查是匿名进行的，我会严格为大家保密，请您开诚布公地填写。真诚感谢您的积极参与和大力支持！

1. 要创新和生产知识，需要改变思维定式、不良习惯和陈旧观念，消解畏难和焦虑情绪等，是否有这类思想或情绪等阻碍了您？您是如何解决的？有何效果？请用原因层次分析法从以下方面分析原因并指出对策和效果。

存在的不足或困难			
	具体原因	解决对策	有何收效
制度等客观原因			
思维定式、习惯或旧观念			
心态，畏难、焦虑、不安或厌烦等情绪			

2. 现在与 2014 年 1 月相比较，您在以下方面有何提高？希望老师和同学能帮助什么？

类别	已经提高的素养	下一步努力方向
选题		
文献查阅		
文献综述		
专题论文		
开题报告		

3. 该课程要促进大家创新知识并践行自己或他人的学研内容，也即在创新知识中实现做人与做学问同一，您做得怎样？

项目	具体内容	实际效果
所创新的知识		
践行学研内容		

调查到此结束，再次感谢您的积极参与和大力支持！诚挚祝福您学业有成、万事如意！

附录 8　"网络化合作活动学习"规划

"行动者网络"（actor-network）理念下，终身学习社会需要合作活动学习，催生了"网络化合作活动学习"。"网络化"不仅指互联网，还涵括行动者网络的意蕴。合作活动学习是在学习共同体中，学习者在互动合作中通过活动主动获得知识、形成经验、建构意义和价值的学习生命存在及其优化形式。① 网络化合作活动学习，即通过合作式的活动和活动化的合作，使师生成为学习共同体，采用有指导有组织的网上小组自主学习与课室面对面教学两类合作活动，让学习者积极主动地投入学习过程，在互动合作的学习活动中获得知识、形成经验并建构知识与经验的意义和价值。② "教育与课程文化哲学专题研究"课程中师生学研共同体商定开展网络化合作活动学习，"教师的课程开发""师生合作的课程开发"和"学生自主的课程开发"三者融为一体，其基本环节如下：

一、师生规划

通过问卷等收集学生对该门课程开展网络化合作活动学习的建议，预见到学生的学习困难以及师生、生生合作活动学习中可能存在的困难，引导学生运用原因层次分析法从客观困难、世界观、情绪等方面去反思困难的成因，提出对策，克服困难。师生进行研讨，合作规划该门课、每次课怎么实施网络化合作活动学习。本环节主要是师生合作自主管理课程开发。

二、自主学习

根据师生规划，结合已有学习资源，学生制订"个人学研计划"，开展自主学习。根据自己的学习进度，再制订"选题设计"或"文献综述设计"或"专题论文设计"。本环节主要是学生自主开发课程。

---

① 申仁洪，黄甫全. 合作活动学习刍论［J］. 教育研究，2004（10）：62.
② 张耀龙，张有录. 网络、多媒体环境下大学英语教学优势的理性审视［J］. 卫生职业教育，2008（12）：9－11.

三、组内合作

按同质分组，分成若干个 3～5 人小组，小组设常任组长和轮值组长。要形成同质和异质交互合作的人际网络。组长帮助组员做到"四杜绝一修饰"（杜绝错别字、标点符号使用欠当、文句不通顺和编排不规范，修饰润色文稿）。小组成员按五维度来互相学习组员的作业，进行同伴评估，按分值打分选出经典作业。将经典作业上传到网络平台，也上传经典作业的学研体会，其他组员从五维度学、问两个层面来评议经典作业的优缺点并提出建议。在小组合作学习的基础上，学生完善作业后提交给教师。本环节主要是学生合作自主开发课程。

四、课堂交流

教师提前安排某学生在课堂上分享，分享人参考如下《引导性日志提纲》反思和自主评价：

1. 我是如何努力使作业达到五维度的要求的？

2. 根据师生建议，我的材料做了哪几方面的完善，自己有何收获？

3. 在学习过程中，我遇到了什么学习困难？是否存在客观原因、思维定式或习惯、情绪方面的原因？我是如何做的？

4. 我将所学内容践行于生活中了吗？是如何践行的？有什么收获？

这也是学生自主教学，分享人把自己当教师，尽可能好地把自己的经验和教训展示给其他人。其他人从五维度学、问两层面谈收获和建议，教师以此材料进行案例教学，并进行总结性点评。本环节主要是师生合作开发课程。

五、教师指导

教师根据此阶段学生遭遇的具有共性的学习困难以及下阶段预计要遭遇的学习困难讲授学研技巧，提供丰富的学习资源。本环节主要是教师开发课程。

六、提升研修

在自主、合作、交流和评价的基础上，学生根据建议完善自己的作业，尽可能做到材料更加新颖、主题更加鲜明、层次更加清晰、逻辑更加周密、文采更加飞扬。本环节主要是师生合作开发课程。

附录9　师生在课程开发中创生的部分学研作品

作品一　"五维三层六勤"高级学研方法

有道是"学研无处不在"，英文叫"learn from everyone"！其实，在我们听课、读文献、教学、交友、出席研讨会、求教老师以及交流经验等各种活动中，随时随地都有学研的机会，只要我们善于抓住这些机会，就很容易"学有所成"。

基于长期研习经验的反思，特提出"五维三层六勤"高级学研方法。所谓的"五维三层六勤"高级学研方法，是一类培养高级思维能力的有效学研方法，其中，"五维"意为在各种学研活动中，至少要从五个维度比较全面地进行培养高级思维能力的考量、吸收或交流活动；"三层"意为在各种学研活动中开展五维考量、吸收或交流时，至少要逐步深入地从三个层次去深化和展开；"六勤"意为在五维三层学研中，做到眼勤、耳勤、手勤、嘴勤、脑勤和腿勤。

一、高级学研的五个维度

开展高级学习研究活动，实质上就是在"解读"和"表达"有关"文本"。这里的"文本"，就是听课的内容和形式、书籍文献的内容和行文、教学的内容与形式、交友的内容和形式、研讨会的内容和形式、老师讲解/撰写的内容与形式，以及自己交流经验的内容与形式等。有效学研必须至少在以下五个维度进行考量、吸收、交流或反思：

第一个维度是精心考量"材料新颖"程度，努力找外语文献和中文最新文献，努力挖掘自己所拥有的"新颖材料"，从而努力吸收或交流尽可能多的"新颖材料"。比如说，我们在开发"教育与课程文化哲学专题研究"这门课的过程中，要努力践行我们正在做的"课语整合式学习"。我们要把教育专业英语的学习应用及课程与教学论的专题学研整合起来，这也是课语整合式学习。尽量在国外SSCI近三年的收录刊物上查找文献，要结合自身基础及优势、自身生涯规划，以及本学科的国内外研究前沿，可以参照发表于《吉林工程技术师范学院学报》的论文《关于教育研究中的问题意识》来选题。初学者尽量选具体的小题目，筛选前沿且有价值的英文文献来翻译，撰写文献综述，整理出新颖的材料。

第二个维度是精心考量"主题鲜明"程度，努力从所看、所听、所触和所思的内容与形式中，吸收别人的优点或交流自己"主题鲜明"的材料，努力做到提炼深刻、新颖和简洁，富有震撼力。大小标题要力求让人耳目一新，遣词造句做到言之成理，持之有据。

第三个维度是努力考量"层次清晰"程度，文稿的几个部分之间、各个部分的各个点之间要具有内在联系，各个层面的内容点之间差别显著，大小标题间要有层次感。

第四个维度是努力考量"逻辑周密"程度，文稿的各个层次的各个部分之间、前后文之间要富有内在逻辑。逻辑包括和我们自身之间的关系，也就是文化逻辑，涵括人与人之间的关系，人与文化之间的关系。逻辑层次或类型是无穷尽的，可以从学习论、教学论、课程论、教育论等去挖掘，也可以从哲学、心理学、社会学等方面去挖掘。

第五个维度是努力考量"文采飞扬"程度，努力吸收别人或交流自己文稿中的文采飞扬的精华，努力走出让人味同嚼蜡而难以读下去的窘境。

二、高级学研的立体三个层面

谨记师长的教诲，要努力通过"读书"成为最聪明的人。我们可以从"做学问"这三个字顾名思义来开展高级学研。"做学问"三个字，就构成了"学""问"和"做"三个层面的高级学研。

第一个层次"学"，就是模仿所听、所看、所触和所想。带着以上"五个维度"的框架，用心地倾听和理解别人和自己的材料，进行模仿。模仿的方法一是"摘录"，二是"概括"。通过"摘录"和"概括"，努力吸收别人或交流自己的"五个维度"的优点。这样才能把别人的优点学到手，或把自己的优点提炼出来，交流给别人。

第二个层次"问"，就是学会提问，边学边问，要深入挖掘问题背后的问题，带着问题去学，才能学得更深、更透。一问我从别人的或别人从我的材料中能学到什么，二问别人的或我的材料存在什么问题（至少提出一个问题），三问对自己做的材料和自己以后的学习研究有什么启发。

第三个层次"做"，就是少说多做，做了再说，甚至只做不说。不要夸夸其谈，要有实际行动。活动是"学习生命的优化形式"，[①] 要进行活动学习，学习什么，主张什么，就要在实践活动中践行什么。在做中学，要时刻反问自己：我自己做文献，如何做得更加材料新颖、主题鲜明、层次清晰、逻辑周密和文采飞扬？

三、高级学研的六勤

为了把上述"五维三层"高级学研落到实处，还必须做到"六勤"，即眼勤、耳勤、手勤、嘴勤、脑勤和腿勤。

一是眼勤，做到在任何场合，都观察入微，努力使自己的双眼勤快，看书、看人、看事和看物，均细致入微。这样，才能形成思维的细致性和深刻性品质。

二是耳勤，拥有勤劳的双耳，看书、看人、看事和看物，要看透字里行间，要听出话外之音，通过把看到的经过思维来"思考"，促进思维活动，从而提升思维能力。

三是手勤，拥有勤劳而智慧的双手。切记并躬行"好记性不如烂笔头"！准备好一大一小两个笔记本，电脑也行，把有关大事和学研之事详细记载在大"笔记本"里，把小事、日常事记载在"小笔记本"里。并每天整理和深化"大笔记"，每天安排和注销"小笔记"，这样才能成为一个高效率开展学研的人。

四是嘴勤，拥有伶牙俐齿和甜美的嘴。随时适宜地提问，适宜地"赞美"，毫无保留地交流自己的所读、所听、所思和所触，从而促进自己的思维运转，培养思维的敏捷性和深刻性品质。

五是脑勤，拥有勤快的大脑。脑子会越用越聪明！所听、所看、所触和所思，都应该传递给脑子，让脑子进行紧张的思考"加工"，从而培养思维的敏感性、细致性和深刻性品质。

六是腿勤，拥有勤劳的腿。看到了、听到了、想到了、表示了、计划了，就迈开双腿去践行，反复尝试，战胜失败，最后取得成功！比如我们做专题学研，就努力去按时做好选题设计，按时搜集筛选好文献，按时阅读挖掘文献资料，按时做好学研笔记，按时完成学研笔记整理，按时完成专题文献综述，按时完成专题论文设计、写作、修改、完善和定稿，不拿

---

① 申仁洪，黄甫全. 合作活动学习刍论［J］. 教育研究，2004（10）：61.

出高水平专题论文不罢休!

保持平和心态,不要急于求成,一分耕耘一分收获。即便暂时做得没有别人好,也不要气馁,因为每个人的基础不一样。只要坚持不懈,日积月累,总能成功。

作品二　教育研究工具设计与开发的依据、过程与策略

一、依据

(一)学习与训练需要
(二)研究方法论原理
(三)研究问题及假设
(四)研究方法的选择

二、过程

(一)系统学习与掌握教育研究方法论
(二)结合专题研究应用教育研究方法论
(三)方法论专题读书报告与框架清理
(四)具体研究方法确定
(五)研究问题与假设确定
(六)研究工具设计与开发
(七)研究工具实测和修订
(八)研究工具确定

三、策略

(一)研究设计与方法及工具开发相联系
(二)研究的内容和原理与研究方法及其工具开发相联系
(三)几种方法的思路、内容和操作相联系

作品三　"文献搜集"的技巧

文献是信息沟通的纽带,搜集文献是学术研究的基本功。在网络高度

发展的今天，"文献搜集"有一些技巧，简介如下：

一、关键词法

1. 对于文献比较多的主题，可以在题目中设置相应关键词，如查找与"大学生学习动机"相关的文献，可以在"题目中包含的关键词"中分别输入"大学生""学习动机"或"大学生""动机"。

2. 对于文献比较少的主题，可以采取以下两种方法：

（1）在摘要中设置相应关键词，如在"摘要中包含的关键词"中输入"大学生动机"。

（2）"换一换"的方法，如在"题目中包含的关键词"中输入"动机"，并且在"摘要中包含的关键词"中输入"大学生"。

二、加"文献综述"搜集法

除了输入与主题相关的关键词外，补充输入"review"或"综述"等，可以找到别人所做的关于这一主题的文献综述，这样可以更直接快速地了解到这一主题的研究概况。比较陈旧的文献综述（如十年前的），有助于了解到这一主题早前的研究历史；对于较新的文献综述（如最近两三年的），可以从中选择一两个自己感兴趣的小主题进一步挖掘。

三、图书馆资料的利用

1. 通过"读秀"，免费获得全文。

2. 通过朋友，找到、借到相应的文献。文献资料比较丰富的图书馆有：北京师范大学图书馆、华东师范大学图书馆、香港中文大学图书馆、香港大学图书馆。

四、学位论文与最新期刊论文

学位论文的文献综述部分信息比较全面，可以查看，但比较陈旧。要找到新的研究主题和文献，还是要从最新的期刊论文中寻找。

五、参考文献追溯法

对于一篇重要的与主题相关的文献，一定要看其相应的参考文献，沿着参考文献再追踪相应的文献，即跟踪根源文献，这样很容易查到与主题相关的很好的文献。

作品四　论文内在逻辑清理与建构的技巧

论文的内在逻辑结构，可以通过"论文内在逻辑的清理、建构与阐释"的办法来训练和完成。具体做法如下：

（1）对论文每一部分的每一段进行斟酌，提炼出一个术语概念。进而总结全段内容的意思，用所提炼出来的术语概念做关键词，写出一句"主题句"——这个主题句必须是该段文字的中心思想句。

（2）每一部分的所有段都提炼了"关键词术语概念"及其"主题句"后，再对比清理和建构它们之间的内在逻辑结构。一般的逻辑结构有三种：

①"层层递进"。就是每段关键词术语概念代表所在部分论述事物的一个层面，每段代表一个层面。要理顺它们属于哪个层面，并按照各层面的关系，调整段与段的顺序。

②"面面排列"。就是每段关键词术语概念代表所在部分论述事物的一个方面，每段代表一个方面。要理顺它们属于哪个方面，并按照各方面的关系，调整段与段的顺序。

③"顺势转折"。就是每段术语关键词概念代表所在部分论述事物发展的前后关系，每段代表一个环节或阶段。要理顺它们属于哪个环节或阶段，并按照各环节或阶段的关系，调整段与段的顺序。

（3）每个部分都完成了上面的清理、挖掘、阐释和建构后，再把这个过程进行总结。总结可能有两种情况，要分别采取办法。

①一切顺利。在关键词术语概念和主题句的清理、挖掘和提炼基础上，每个部分的内在逻辑清理和建构都很顺利。接着分析和清理每一段的各个部分及其结构，是否与主题句的内涵一致。又有以下两种情况：

相一致。如果相一致，就将每段的关键词术语概念和主题句，融入各段，并在文字上进行润色。一篇有内在逻辑关系的论文，就基本完成了。

不一致。如果不一致，那就修改、删减和/或增加内容，并将每段的关键词术语概念和主题句，融入各段，还要在文字上进行润色。一篇有内在逻辑关系的论文，就基本完成了；进而相应地修改摘要和关键词。

②不顺利。有些地方不顺，那就对应着关键词术语概念和主题句，以

及各段的具体内容，进行相互砥砺的修改完善。只要需要，既可以修改完善关键词术语概念和主题句，也可以修改完善各段的具体内容。直到达至像本部分前面"三（一）"一样，实现"一切顺利"！

（4）一篇有深度理论底蕴的论文，在内在逻辑清理中，必须按照所依凭的具体理论的内在逻辑结构来进行清理、对照、提炼/修改和阐释。这个过程将是反反复复的，甚至没完没了的过程。要持之以恒，直到做出一篇"美文"来。

作品五　论文撰写和修改的"三"技巧

研究生顾名思义要富有"研究"能力，论文写作是研究能力的重要体现之一。学术界流行的规则是"以文会友"，所以要"靠论文说话"。我们要努力下功夫撰写和修改出美文。通过师生共同体的专题学研活动，我们总结提炼出论文撰写和修改的"三"技巧。

一、选题上：材料、理论和主题要精选

撰写专题论文，从选题上来看，在材料、理论和主题方面要精选，努力做到材料新、理论深和（或）主题热。

（1）材料新。材料新有两个标准：一是时间上的新。例如选择近三年来的文献。二是使用上的新。即在一定范围内或一定形式上没有使用过。比如外国教育史研究，现在探究得较多的是思想史和体制史，但很重要且价值凸显的课程史和教学史探究得很少。选择课程史和教学史的材料，就体现为使用上的新。时间上的新与使用上的新可以齐备。如我们先做国外新世纪以来的文献综述，再做国内的文献综述。新世纪以来的文献是时间上的新。选择国内没有使用的国外材料写成论文，又达成了使用上的新。

（2）理论深。古今中外的文献材料，都蕴含着理论。梳理材料时能否精选适切的理论作为分析框架并深挖理论底蕴，取决于我们自身的理论功底好坏，取决于在学研时深入到什么层面的理论中。要实现"理论深"，第一条路径是，在整理材料时，要探究其用了哪些理论。我们主张梳理英文材料，因为有些中文材料不讲其基于何理论，但英文会直接说理论框架等。材料也许涉及几种理论，可以精选一种自己感兴趣的、或擅长的、或与职业相关的理论来系统学习，用溯源法等从哲学、心理学和社会学层面

等去深挖该理论的来源，把该理论放回其原本的哲学、社会学或心理学体系中去研究。初学者能力有限，可以先系统学通哲学、心理学或社会学某种理论后，再举一反三独立学习其他理论。第二条路径是系统地学习某种理论。如教育学专业的毕业生，一般在教育学方面的理论较系统，可能在心理学方面基础也不错，但是在作为教育学的另两大理论，即基础哲学和社会学方面，可能理论不深。这些学生可选择哲学或社会学进行专题学习，以形成深入、系统和宽厚的理论素养。怎样才算是具备了这种素养呢？就是要把理论转化成自己能运用的东西，转化的标准就是，对教育理论和实践的探究能够自如地从哲学、心理学或社会学层面来思考和言说，不是自说自话"我认为"的那种，而是基于哲学、心理学、社会学层面的某些理论，提出合理的观点等。从具体材料中学习理论是不断一般化的过程，系统地学习理论是不断深化和具体化的过程。理论与材料二者是相互砥砺的，沟通二者才能更好地形成理论素养。理论素养的提高是日积月累的。"理论深"与"材料新"密切联系在一起，可以二者融通，既整理出新颖具体的特色化材料，又把材料中的独特理论底蕴提炼出来。理论新，也可以写成单篇论文发表。

（3）主题热。从学理上讲，有很多主题，都可以选择来探究，但是研究教育学的，需要"学科立足，关怀热点"。主题热，指的是要切合时代的需要。例如我们的学生在《教育研究》发表"幼儿教育"论文时，正值党和国家发文要重视幼儿教育，全国对此都很关注。

一篇论文在选题上能突出材料新、理论深或主题热衷的某一方面就达到一定层次了。这三者之间存在交互关系，要想"更上一层楼"，可以实现两者或三者的交融。交融更利于创新，更能提高论文的层次。学生撰写的论文《优良品德学习何以使人幸福——美德伦理学复兴的文化哲学解析》，就交融了这三者。材料很新，是新世纪以来出现的；理论很深，是用价值哲学来分析的，本身涉及的理论"美德伦理学"也很深；主题也很热，道德教育现在是党和国家高度重视的问题。因此，投到《教育研究》，很快就发表了。

二、结构上：引言、正文和结语需照应

从结构上来看，一篇论文由引言/引论、正文、结语/结论三者组成，前后要相互照应。文字是思维的载体。思维是从综合到具体，再从具体到

综合。我们的思维要前后关联。真正体现自己思维的论文，也应该是这种结构。所以我们可以按照这种方式去训练。

引言要具有全文信息，要全盘照应，既要凝聚全文的内涵，又要和后面的具体化相呼应。要做到"胸有成竹"，前面的综合要为后面的具体化做准备。整篇的引言要吸引眼球，要把全文最具有吸引力的内容用一两句话表达出来，可以引用与论文内容相关的颇具影响力的名言等。

论文的引言、正文和结语三者照应，不仅是一种前后关系，也是一种立体关系，在论文的各个部分都需要照应。论文各部分也是微观单元的思维，写论文的思维应是完整和融会贯通的，我们在思考、思维中应该做到前后照应，并字斟句酌地用文字表达出这种照应。各部分都应有引言句/段、主体和结语句/段，引言和结语起照应和过渡作用。不仅正文内部各部分之间要相互照应，正文和结语也要做到前后照应。

三、逻辑上：题目、摘要和正文应贯通

一篇论文一定有题目、摘要和正文三大部分。摘要是对正文内容的提炼，题目是对摘要和正文内容的进一步提炼，这三者之间具有内在的逻辑关系，三者相互影响、相互改变和相互决定，应该贯通一体。

当我们开始写论文时，论文的题目、摘要和正文可能是一致的，但在写作中也许会变化。例如，开国际会议，先要提交一个题目和摘要，但是当论文撰写完之后，题目可能会变。"题目是研究的结果。"

要特别注意撰写和修改摘要。摘要不应是线索式摘要，而应是内容式摘要，就是说，要把正文中最好的、最核心的内容概括出来。内容式摘要一般能一句话概括正文主要内容，因为正文各部分之间要么是递进关系，要么是并列关系，要么是转折关系。各部分可以是事物的不同层面、不同方面，或者是前后阶段或转折关系，前面可以用"和""并"等连起来，转折可以用"但是"连起来。如果主要内容不能用一句话连起来，那么正文各部分逻辑可能不清晰，需要清理。撰写摘要促进我们完善正文，完善正文后要相应地更新摘要。摘要和正文的撰写及修改是相互补充和相互促进的过程。

当然，以上的"三"技巧只是就一般情况而言，在一定范围内可能适用。论文撰写和修改没有固定的、通用的格式。我们在具体撰写和修改论文时，应根据实际情况灵活调整，不断完善论文，创生论文撰写和修改的技巧。

作品六　学术论文的写作框架

学术论文是某一学术课题在实验性、理论性或观测性上具有新的科学研究成果或者创新见解的知识和科学记录；或是某种已知原理应用于实际中取得新进展的科学总结，用以提供学术会议上宣读、交流或讨论，或在学术刊物上发表，或作其他用途的书面文件。在社会科学领域，人们通常把表达科研成果的论文称为学术论文。学术论文突出的是学术性，具体体现为以下三个方面。

（1）创新性。学术论文在自己所研究的范围内，理论上要有所发展，方法上要有所突破，能为某一领域提供新知识，或为新的研究提供新材料和新观点，对今后的研究有所启示。

（2）科学性。学术论文要以精确可靠的数据资料为论据，经过严密的逻辑推理进行论证。理论观点要清楚明白，有说服力，经得起推敲和验证。

（3）实践性。学术论文的学术性还表现为在社会实践中有现实意义，能在实践中操作运用，而不是空洞的理论堆砌。

投稿论文的结构一般由题目、内容摘要、前言、正文、结论、注释或参考文献等几部分组成。

（1）题目（标题）。题目是论文内容的概括，向读者说明研究的主要问题。标题有多种形式，可以明确点题，也可以只指出研究问题的范围，或是以问题的方式表述。一个好的学术论文题目应当准确概括论文内容，文字简练、新颖，范围明确，便于分类。一般情况下，题名中应包括文章的主要关键词。题名应简短，国际上不少著名期刊都对题名的用字有所限制。我国的科技期刊，论文题名用字不宜超过20个汉字，外文题名不超过10个实词。当题名语意未尽时，可借助副标题名补充论文的下层次内容。题名应避免使用化学结构式，数学公式，不太为同行所熟悉的符号、简称、缩写以及商品名称等。

（2）内容摘要。论文一般应有摘要，有些还要有外文（多用英文）摘要。它是论文内容不加注释和评论的简短陈述，作用在于使读者通过这段概括简洁的文字，了解全文的主要内容和结论，从而决定是否值得读全文。摘要应包含以下内容：①从事这一研究的目的和重要性；②研究的主要内容或方法；③获得的基本结论和研究成果，向读者提供尽可能多的定量或定性的信息，充分反映该研究的创新之处；④结论或结果的意义。

虽然论文摘要要反映以上内容，但文字必须十分简练，内容亦需充分概括，一般限制其字数不超过论文字数的 5%。例如，对于 6 000 字的论文，其摘要一般不超出 300 字。论文摘要不要列举例证，不讲研究过程，不用图表，不给化学结构式，也不要作自我评价。

（3）前言（引言）。前言（引言）简要说明研究工作的目的、范围、相关领域的前人工作和知识空白、理论基础和分析、研究设想、研究方法和实验设计、预期结果和意义等。引言应言简意赅，不要与摘要雷同，不要成为摘要的注释。一般教科书中已有的知识，在引言中不必赘述。引言的篇幅大小，并无硬性的统一规定，需视整篇论文篇幅的大小及论文内容的需要来确定，长的可达 700~800 字或 1 000 字左右，短的可不到 100 字。

引言的目的是给出笔者进行本项工作的原因，希望达到的目标。因此应给出必要的背景材料，计对这一领域并不特别熟悉的读者能够了解进行这方面研究的意义、前人已达到的水平、已解决和尚待解决的问题，最后应用一两句话说明本文的目的和主要创新之处。引言最基本的一点是介绍主要研究成果。

有的作者常常不在引言中指明他们的重要发现，或从摘要中删除那些重要的研究成果，而到论文的最后部分才指明。对科技论文而言，这是一种写作错误，可能使读者在了解到那些重要的研究成果之前就已停止了阅读。

（4）正文。正文部分是科技论文的核心，占据主要篇幅，是体现研究工作成果和学术水平的主要部分。因此，要求这一部分内容充实，论据充分、可靠，论证有力，主题明确。为了满足这一系列要求，同时也为了做到层次分明、脉络清晰。正文部分常分成几个大的段落。

一般来说，正文总是可以包括以下部分或内容：调查与研究对象，原理、实验和观测方法，仪器设备，材料原料，实验和观测结果，计算方法和编程原理，数据资料，经过加工整理的图表，形成的论点和导出的结论等。当然，其中的结论可以单独设一部分（或一节）展开叙述。

根据论文内容的需要，还可以灵活地采用其他的段落划分方案，但就一般情况而言，大体上应包含实验部分和理论分析部分的内容。"实验结果和分析"这一部分是论文的关键部分，全文的一切结论由此得出，一切议论由此引发，一切推理由此导出。这部分需要列出实验数据和观察所得，并对实验误差加以分析和讨论。实验数据或结果通常用表格、图或照片等予以表达，而且尽量用图，不用表格或少用表格。

（5）结论。论文的结论部分应反映论文中通过实验、观察研究并经过理论分析后得到的学术见解。结论应是该论文最终的、总体的结论。换句话说，结论应是整篇论文的结局，而不是某一局部问题或某一分支问题的结论，也不是正文中各段小结的简单重复。结论应当体现笔者更深层的认识，且是从全篇论文的全部材料出发，经过推理、判断、归纳等逻辑分析过程而得到的新的学术观念、见解。

"结论"部分的写作内容一般应包括以下几个方面：①本文研究结果说明了什么问题；②对前人有关的看法做了哪些修正、补充、发展、证实或否定；③本文研究的不足之处或遗留未予解决的问题，以及对解决这些问题的关键点和方向。

结论部分的写作要求是：措辞严谨，逻辑严密，文字具体，要像法律条文一样，按顺序1，2，3……列成条文，用语斩钉截铁，且只能作一种解释，不能模棱两可、含糊其辞。文字上也不应夸大，应对尚不能完全肯定的内容留有余地。

（6）参考文献。在学术论文后一般应列出参考文献，其目的有以下几个方面：①为了能反映出真实的科学依据；②为了体现严肃的科学态度，分清是自己的观点或成果还是别人的观点或成果；③为了对前人的科学成果表示尊重，同时也是为了指明引用资料出处，便于检索；④有利于节省论文篇幅，有助于科技情报人员进行情报研究和计量学研究。

所引用的文献应是与论文主题密切相关的、最主要的文献。反映论文研究的基础和科学依据，反映作者尊重他人研究成果和严谨的科学态度。因为编辑在初审时对文稿的参考文献进行的分析，是决定论文取舍的因素，因此，掌握选择参考文献技巧是必要的。选择参考文献应考虑引用量、语种、出版时间、来源和著者等5个方面。

①参考文献的数量。参考文献的数量根据论文类型、科学研究状况、学科发展概况而定。一般而言，新兴学科论文引文有限。成熟基础科学如果引文有限，那么就难以说明笔者对学科发展状况进行了深入的了解。专业性强的综述、评论引文较多。一篇论文需列多少参考文献，不同国家、不同期刊、不同学科要求不同。

②参考文献的语种。语种分布是反映笔者对当前学科研究现状掌握程度的重要指标。如果参考文献全部为中文或外文文献很少，那么编辑在初审时会意识到该论文笔者可能只对国内该学科的研究现状有所了解，多为

国内研究水平，只有及时掌握学科的国际研究动态，才能真正从事高水平的科学研究。参考一定量的外文文献是写出优秀论文的前提之一。

③参考文献的出版时间。学术论文所附参考文献一般以从事科研时期内的文献为主，多为3—6年，超过8年的文献很少。情报综述类2—3年或更近，情报综述类论文的参考文献如多在3—4年则论文发表意义不大。某些学科的经典理论则多不受时间限制。

④参考文献的影响。在国际、国内，有一批期刊只刊登学术水平高、具有创新性的文章，如果一篇论文所附这种优秀期刊的文献信息很少或最新文献很少，说明该笔者较少参阅那些高水平的、真正有价值的文献，这类论文的层次不会太高。有的编辑对作者引用的水平、影响不大期刊上的文献本身的可靠性表示怀疑。

⑤参考文献的作者。各学科领域都有一批公认的著名专家、教授，他们多是本学科的权威，他们及其科研集体常占领该科学的前沿，他们之间竞争激烈，成果丰厚，如参考文献多出自他们之手，至少说明作者对该学科前沿有所掌握。①

作品七　科研训练的模式

在开展科研训练实践过程中，针对大学生的不同阶段，要配以不同模式的训练内容，循序渐进，由浅入深，讲求实效。在训练方式上努力体现个性化，使具有不同兴趣、特长和能力的学生都能得到很好的训练。下面就三种不同形式的科研训练模式进行阐述。

1. 调研型科研训练

大学生通过专业基础课程的学习，对成绩良好的学生，可以参加调研型科研训练。调研型科研训练采取"导师制"来进行，考核方式是提交专题调研报告。训练项目的主要来源是指导教师的科研课题，要求在指导教师的带领下，学生对本专题的国内外文献有较好的理解，把握本专题的发展方向，并能对下一步的研究工作提出自己的设想，确定初步的实践方案；同时鼓励教师结合专业课程教学，对当前本专业的研究热点问题进行调研。这样既可以提高学生的学习主动性和专业兴趣，又可以让学生在查阅文献资料、科学思维能力以及书面表达能力等方面得到实际的训练和提

---

① 该作品参考已有资料适当修改，已有资料见：吕淑平，等. 科研训练实践范例［M］. 哈尔滨：哈尔滨工程大学出版社，2012.

高。也鼓励学生根据自己的专业兴趣，结合专业课程自由确定调研课题，并请专业指导教师进行指导。

对研究专题的调研是开展科研工作的前期基础，通过文献调研能系统地反映研究专题的历史、现状和发展趋势。撰写调研报告的能力是现代科技工作者必备的科学素养，调研报告的写作过程是创造性思维深化的继续，对大学生来说也是创造性学习的有效途径，是加强科学素质培养的重要方面。

2. 创新型科研训练

创新型科研训练的课题一般为指导教师科研课题中的一部分，这有利于培养学生的团队精神。由于训练课题与生产实际和科技发展方向紧密结合，具有很强的挑战性。因此在训练过程中，指导教师要注意调动学生的能动性，使学生能真正做到"以我为主"，在实验过程中培养学生发现问题、分析问题和解决问题的能力，使学生完成从实验"操作员"到"研究者"、从"学习者"到"探索者"的角色转变。当然，科学研究的过程不可能一帆风顺，特别当学生在训练过程中遇到挫折的时候，要通过讨论帮助学生找出问题的原因，鼓励学生根据实验结果自主修改实验方案，这样有利于培养学生坚韧不拔的毅力。

创新型科研训练的考核方式是提交研究报告。在指导教师的指导下要求学生掌握撰写研究报告的基本格式，避免将"研究报告"写成"实验报告"，要使学生学会用科学的语言和图、表、照片等"人工语言"来分析和总结研究成果。

参加创新型科研训练，学生深入科研环境，可以打破书本的局限，接触学科发展的前沿，有利于扩展学生的视野和拓宽知识面，加深对学科的了解和兴趣。对大学生而言，经历一个完整的创新型科研训练的全过程，与课堂教学相比，在对其创新精神的培养及实践能力的提高方面，具有事半功倍的效果。另外，大学生在科研训练过程中不可避免地感到所学知识的不足，这也可以激发学生在后续专业课程学习中的主动性。

3. 科学研究程序和方法的训练

开展科学研究程序和方法的训练，训练内容主要由理论和实践两部分组成。

在理论训练方面，由科研水平高、业务素质好的教师结合科研实践进行讲座式的教学，具体内容包括：介绍科学研究工作的性质、内容、方法、过程及基本规律，实验设计和实验数据处理的专题讨论，信息资源的检索与科技写作方法，结合新技术专题讲座介绍当前本专业的科技发展方向。

在实践训练方面，主要结合参观学校重点实验室的建设，有针对性地开展实验，介绍实验的基本原理和在科学研究中的作用；还可结合学校科研项目和成果开展训练，增加学生对科学研究的感性认识，培养学生的专业兴趣。

开展科学研究程序和方法的训练的目的是：使学生掌握科研工作的基本方法，使学生对科研工作过程中的主要分析测试方法及作用有深刻的认识，掌握科学实验的设计原则和数据处理的一般方法，训练学生对文献资料的检索、分析与综合的能力，提高学生撰写科技论文的能力，为开展更高层次的科研训练奠定理论和实践的基础。[①]

作品八　大学生科研训练的内容

大学生科研能力的培养是多方面的，要对学生进行基本科研知识的传授和基本科研技能的训练，使其掌握从资料的检索、利用，到论文写作、课题申报等一整套科学研究的基本知识。

1. 科研资料的搜集、整理、分析、运用能力的培养

资料是科研的前提。俗话说"巧妇难为无米之炊"。如同做饭要先有米，盖房子要先准备建筑材料一样，从事科研工作也要占有充分的资料，这是科学研究的基础。我们要充分认识科研资料在科研工作中的重要意义，选题阶段要搜集基本资料，选题确定以后，更要进一步地搜集资料。

获得科研资料要通过一定的途径，有一系列的技巧、方法。为此，就要进行这方面的训练，以便掌握科研资料的搜集、整理和运用的方法、途径，特别是利用网络、使用现代化的手段检索资料。既要学会阅读资料，也要学会筛选资料；既要学会鉴别资料，也要学会整理资料；既要学会如何积累资料，也要学会如何取舍、使用资料。以培养学生检索、整理、分析和运用资料的能力。

2. 科研训练中项目选题能力的培养

选题就是选定科研和论文撰写方向、主题，即在获得一定材料或受到某些启发并进行初步分析研究的基础上，敢于提出问题，确定科研和论文撰写方向和目标。选题是撰写学术论文、从事科研活动的第一步。这一步

---

① 该作品参考已有资料适当修改，已有资料见：陈澎．经济管理类大学生科研训练：理论与实践［M］．北京：中国电力出版社，2009．

直接关系到论文或研究成果价值的大小。爱因斯坦在谈到选题在科研中的重要性时指出：在科学面前"提出一个问题往往比解决一个问题更重要，因为解决问题也许仅仅是一个数学上或实验上的技能而已，而提出新的问题，新的可能性，从新的角度去看待旧的问题，却需要有创造性的想象力，这也标志着科学的真正进步"。

选题是撰写科研训练项目论文的重要环节，选题的好坏是科研工作成败的关键。但选题也有一定的技巧。通过训练，掌握选题的选择、确定的一些基本知识和技巧；学会善于从决定论文价值大小、得当与否的角度选择研究课题，以便运用和深化已有知识，提高科研能力，为多出研究成果奠定基础。

3. 论文的撰写、修改技能的训练

这是一项科研的基本技能。在学校学习期间，文科学生和理科学生都要完成毕业论文，学校通过毕业论文考察其知识水平和综合运用知识的能力；而工科的学生则要完成工程技术方面的毕业设计，学校通过毕业设计及说明书来考察其知识和综合运用知识的能力。毕业以后，论文的撰写、修改也是必备的技能。因为无论在教学、科研，还是管理等各个岗位上，都有撰写学术论文、研究报告、表达学术见解的任务。

毕业论文或学位论文是学生进行独立研究的成果。要完成这项学习任务，学生就必须系统掌握论文从提纲的拟定、结构的安排、文章的写作和修改等方面的基本知识，训练其独立撰写论文的基本能力。通过学习和训练，掌握学术论文撰写和修改的基本技能是必要的。

4. 科研项目的申报、实施能力的培养

研究课题的申报和实施也是学习期间和毕业以后工作中经常遇到的科研任务。要适应这方面工作的需要，就要掌握社科研究课题的申报程序，学会撰写课题论证报告、填写课题申请书，提高实施课题研究的能力，为今后申报相关类型的研究课题作好基本能力储备。

5. 答辩能力的训练

毕业论文或学位论文是大学毕业生的最后一个综合性教学环节，是大学阶段全部学习成果的总结，也是衡量每个学生专业知识积累状况以及对其运用专业知识来分析、研究、解决问题的能力考核。

论文撰写固然重要，但论文能否通过还要经过答辩这一关。论文答辩就是以研究专业、方向为单位成立的答辩委员会（或答辩组）对论文水平的集体审查。答辩是考核论文水平、完成教学任务的重要环节，它决定论文能否通过，学生能否毕业或授予相应的学位。同时，毕业答辩也有利于检验创新见解、研究思路、论证过程和方法的科学性，有利于文章的进一步提高，有利于今后科研主攻方向的选择。①

---

① 该作品参考已有资料适当修改，已有资料见：陈澎. 经济管理类大学生科研训练：理论与实践［M］. 北京：中国电力出版社，2009.

参考文献

一、英文参考文献

［1］BIGGS J, KEMBER D, LEUNG D Y P. The revised two-factor study process questionnaire: R-SPQ-2F ［J］. British Journal of Educational Psychology, 2001, 71 (1).

［2］BÜMEN N T. The evaluation of doctoral level "Development and Learning" and "Instructional Planning and Evaluation" courses ［J］. Educational Sciences: Theory & Practice, 2006, 6 (1).

［3］BUSSEY M P. Where next for pedagogy? Critical agency in educational futures ［D］. Brisbane: University of the Sunshine Coast, 2008.

［4］Causal Layered Analysis ［EB/OL］. ［2014 – 06 – 20］. http://www. metafuture. org/.

［5］CLA Defined ［EB/OL］. ［2014 – 06 – 20］. http://www. metafuture. org/.

［6］CLEARY M, HUNT G E, JACKSON D. Demystifying PhDs: a review of doctorate programs designed to fulfil the needs of the next generation of nursing professionals ［J］. Contemporary Nurse, 2011, 39 (2).

［7］COMBE C. Developing and implementing an online doctoral programme ［J］. International Journal of Educational Management, 2005, 19 (2).

［8］DICK B. Action research literature 2004 – 2006 themes and trends ［J］. Action Research, 2006, 4 (4).

［9］FENWICK T, Edwards R. Actor-network theory in education ［M］. Oxen: Routledge, 2010.

［10］HEARN G, Tacchi J, Foth M, et al. Action research and new media: concepts, methods and cases ［M］. New Jersey: Hampton

Press, 2009.

[11] HOBBS S H, Brooks E F, Wang V, et al. Developing practitioner leaders in a distance education doctoral program: challenges and opportunities [J]. Journal of Health Administration Education, 2007, 24 (3).

[12] INAYATULLAH S. Anticipatory action learning: theory and practice [J]. Futures, 2006, 38 (6).

[13] INAYATULLAH S. Causal layered analysis: an integrative and transformative theory and method [EB/OL]. [2014 – 06 – 20]. http://scholar. google. com/scholar? q = + + Causal + layered + analysis%3A + an + integrative + and + transformative + theory + and + method&hl = zh-CN&btnG = %E6%90%9C%E7%B4%A2&lr =.

[14] INAYATULLAH S. Causal layered analysis: poststructuralism as method [J]. Futures, 1998, 30 (8).

[15] INAYATULLAH S. The causal layered analysis (CLA) reader: theory and case studies of an integrative and transformative methodology [M]. Tamsui: Tamkang University, 2004.

[16] KIM M J, MCKENNA H P, Ketefian S. Global quality criteria, standards, and indicators for doctoral programs in nursing: literature review and guideline development [J]. International Journal of Nursing Studies, 2006, 43 (4).

[17] LEE A. New development: are our doctoral programmes doing what we think they are? [J]. Public Money & Management, 2013, 33 (2).

[18] LIST D. Action research cycles for multiple futures perspectives [J]. Futures, 2006, 38 (6).

[19] MANATHUNGA C, SMITH C, BATH D. Developing and evaluating authentic integration between research and coursework in professional doctorate programs [J]. Teaching in Higher Education, 2004, 9 (2).

[20] MCCOOL B N. The conceptualization and development of specifications for a doctoral program in security studies: a delphi study [M]. ProQuest, 2008.

[21] MERTLER C A. Action research: teachers as researchers in the classroom [M]. Los Angeles: SAGE Publicaitons, Inc. , 2009.

[22] MEYER J H F. An overview of the development and application of the Reflections on Learning Inventory (RoLI) [C] //RoLI symposium Imperial

College, London September. 2000.

［23］ MOHER D, Liberati A, Tetzlaff J, et al. Preferred reporting items for systematic reviews and meta-analyses: the PRISMA statement ［J］. Annals of Internal Medicine, 2009, 151 (4).

［24］ MOORE D W, Dilmore T C, Robinson G F W B. Advancing knowledge and research: developing a doctoral program in clinical and translational science ［J］. Clinical and translational science, 2011, 4 (5).

［25］ O' CALLAGHAN P. The development of a new doctoral degree program to serve an adult audience Georgetown University ［J］. New Directions for Adult and Continuing Education, 2011 (129).

［26］ OLIVE P F. Developing the curriculum (7th Ed.) ［M］. Boston: Pearson/Allyn and Bacon, 2009.

［27］ PERRY K M, Boccaccini M T. Specialized training in APA - accredited clinical psychology doctoral programs: findings from a review of program websites ［J］. Clinical Psychology: Science and Practice, 2009, 16 (3).

［28］ POWELL V J. The development of a doctoral program in educational leadership at St. Bonaventure University ［D］. Flagstaff: Northern Arizona University, 2003.

［29］ RIEDY C. An integral extension of causal layered analysis ［J］. Futures, 2008, 40 (2).

［30］ SCANLON S L. A comparative case study of developing leaders through a doctoral program: a study of one academic institution ［D］. Chicago: Argosy University, 2012.

［31］ SCHMIDT T M, SHAW M. A new model for online doctoral course development with faculty quality assessment ［J］. International Journal of Information and Communication Technology Education (IJICTE), 2008, 4 (3).

［32］ SHELBY S. The development of a standardized dermatology residency program for the clinical doctorate in advanced nursing ［J］. Dermatology nursing/Dermatology Nurses' Association, 2008, 20 (6).

［33］ SKEFFINGTON J K. Situating ourselves: the development of doctoral programs in rhetoric and composition ［J］. Rhetoric Review, 2010, 30 (1).

［34］ SLAUGHTER R A. What difference does 'integral' make? ［J］. Futures, 2008, 40 (2).

[35] SOLMON M A. How do doctoral candidates learn to be researchers? Developing research training programs in Kinesiology Departments [J]. Quest, 2009, 61 (1).

[36] SOROKOSH A. Program factors affecting doctoral student retention and attrition: development and initial validation of a program assessment instrument [D]. Long Island: Hofstra University, 2004.

[37] SPIRDUSO W, Reeve T G. The national academy of kinesiology 2010 review and evaluation of doctoral programs in Kinesiology [J]. Quest, 2011, 63 (4).

[38] STEVENSON T. Anticipatory action learning: conversations about the future [J]. Futures, 2002, 34 (5).

[39] SULLIVAN C J, Maxfield M G. Examining paradigmatic development in criminology and criminal justice: a content analysis of research methods syllabi in doctoral programs [J]. Journal of Criminal Justice Education, 2003, 14 (2).

[40] THOMAS J R, Reeve T G. A review and evaluation of doctoral programs 2000 – 2004 by the American Academy of Kinesiology and Physical Education [J]. Quest, 2006, 58 (1).

[41] TUÑÓN J. Creating a research literacy course for education doctoral students: design issues and political realities of developing online and face-to-face instruction [J]. Journal of library administration, 2002, 37 (3 –4).

[42] VEENMAN M V J, Verheij J. Technical students' meta-cognitive skills: relating general vs. specificmeta-cognitive skills to study success [J]. Learning and Individual Differences, 2003 (13).

[43] VEILLEUX J C, January A M, VanderVeen J W, et al. Perceptions of climate in clinical psychology doctoral programs: development and initial validation of the Graduate Program Climate Scale [J]. Training and Education in Professional Psychology, 2012, 6 (4).

[44] VOROS J. A generalized "layered methodology" framework [J]. Foresight, 2005, 7 (2).

[45] WILLISON J, O'REGAN K. Commonly known, commonly not known, totally unknown: a framework for students becoming researchers [J].

Higher Education Research & Development，2007，26（4）．

［46］WISKER G，Robinson G，Trafford V，et al. Achieving a doctorate：metalearning and research development programmes supporting success for international distance students［J］. Innovations in Education and Teaching International，2004，41（4）．

［47］WISKER G. Research as learning，in：M. Kiley & G. Mullins（Eds）quality in postgraduate research：making ends meet（Adelaide，Australia，Advisory Centre for University Education，The University of Adelaide），2000.

［48］MASLOW A H. Motivation and Personality［M］. New York：Harper. 1954.

二、中文参考文献

［1］白静，李哲. 优化瀑布模型的网络课程开发模式研究［J］. 中国电化教育，2012（5）．

［2］包水梅，谢冉. 中美学术型博士研究生课程修读之比较研究［J］. 江苏高教，2012（5）．

［3］包水梅. 我国高校学术型博士研究生课程建设研究［D］. 厦门：厦门大学，2014.

［4］蔡泽俊，左璜，黄甫全. 预见式行动研究：一种面向未来的行动研究新范式［J］. 电化教育研究，2012（2）．

［5］曹余生. 博士生英语精读课教学之我见［J］. 学位与研究生教育，2000（3）．

［6］曾国屏，张明国. 第八届全国理工农医博士生"现代科技革命与马克思主义"教学研讨会述要［J］. 高校理论战线，2001（6）．

［7］曾国屏，张明国. 提高博士生综合素质，培养新世纪高级科技人才——第八届全国理工农医博士生"现代科技革命与马克思主义"教学研讨会纪要［J］. 自然辩证法研究，2001（1）．

［8］曾文婕，黄甫全. 课程改革与研究的新动向：彰显学习为本［J］. 课程·教材·教法，2013（7）．

［9］曾文婕. 论文化哲学的方法论意蕴［J］. 南京社会科学，2012（8）．

［10］曾文婕. 文化学习引论——学习文化的哲学考察与建构［D］. 广州：华南师范大学，2007.

［11］陈洪捷，赵世奎，沈文钦，蔡磊砢．中国博士培养质量：成就、问题与对策［J］．学位与研究生教育，2011（6）．

［12］陈慧媛，张志红．博士研究生英语教学中几个值得探讨的问题［J］．学位与研究生教育，1999（1）．

［13］陈磊．数量经济学专业博士研究生课程设置的中外比较分析［J］．数量经济技术经济研究，2009（12）．

［14］陈其荣．博士生《现代科学技术革命与马克思主义》课程的教学设想［J］．科学、技术与辩证法，1988（4）．

［15］陈思宇，黄甫全，曾文婕．新兴网络化合作活动学习的三大类型及其启示［J］．中国电化教育，2013（7）．

［16］陈学飞．传统与创新：法、英、德、美博士生培养模式演变趋势的探讨［J］．清华大学教育研究，2000，21（4）．

［17］陈学飞等．西方怎样培养博士：法、英、德、美的模式与经验［M］．北京：教育科学出版社，2002.

［18］陈争春．案例教学法在中、高职医学伦理教学中的运用［J］．武汉：华中师范大学，2004.

［19］邓永超，黄甫全．原因层次分析法：预见式行动研究的有效方法［J］．电化教育研究，2014（6）．

［20］邓永超，苏雄武，杨玉浩．预见式行动研究：研究生课程开发的路径选择［J］．教育理论与实践，2017（3）．

［21］邓永超．基于"预见式行动研究"的创化模式［J］．高教探索，2017（1）．

［22］丁恒杰．文化与人［M］．北京：时事出版社，1994.

［23］丁世斌．高校文科博士生马克思主义理论课课程建设研讨会在天津召开［J］．学位与研究生教育，1991（6）．

［24］杜寒风．广播学院首开博士课程"美学前沿"中华美学学会部分专家应邀主讲［J］．现代传播，2001（5）．

［25］方千华．我国体育学博士研究生课程设置特点与改革设想［J］．上海体育学院学报，2008（3）．

［26］冯嘉元．把握脉搏 坚定方向 活跃思想 开拓视野——漫议博士生马克思主义理论课的教学方针、内容和方法［J］．学位与研究生教育，1989（4）．

［27］冯欣．基于问题的教学在非英语专业博士生专门用途英语教学中的效用研究［D］．福州：福建师范大学，2010．

［28］高达声．科学与哲学日臻完美的统一——清华大学博士生教学经验谈［J］．科学技术与辩证法，1990（5）．

［29］高培．成人网络课程开发模式的研究［D］．北京：北京交通大学，2008．

［30］高文财，秦春生，饶从满．博士生教学能力提升的思路与举措——以东北师范大学博士生教育改革为例［J］．学位与研究生教育，2013（4）．

［31］龚魏魏．文化视野下化学校本课程开发的行动研究［D］．苏州：苏州大学，2008．

［32］官鸣．全国第三届理工农医博士生"现代科技革命与马克思主义"课程教学研讨会［J］．科学技术与辩证法，1994（2）．

［33］官鸣．全国第三届理工农医博士生"现代科技革命与马克思主义"课程教学研讨会会议纪要［J］．自然辩证法研究，1994（4）．

［34］郭春生．对博士课程教学的看法［J］．学位与研究生教育，2001（4）．

［35］郭齐勇．中国哲学专业博士生教学与管理［J］．学位与研究生教育，1996（4）．

［36］何勇涛．中国生物医学博士研究生培养模式研究［D］．重庆：第三军医大学，2012．

［37］何跃，苗英振，弓婧绚．走进人类中心主义还是走出人类中心主义——基于对生态学马克思主义与建设性后现代主义自然观的比较分析［J］．自然辩证法研究，2011（6）．

［38］何跃，张礼建．第九届全国博士生"现代科学技术革命与马克思主义"课程教学研讨会会议纪要［J］．自然辩证法研究，2003（6）．

［39］侯怀银．我国新时期教育研究方法论研究的回顾与展望［J］．教育研究，1994（4）．

［40］胡爱玲．博士研究生英语"听能"教学探讨［J］．学位与研究生教育，1986（3）．

［41］胡春阳．中国传播学博士课程设置的关键问题——以美国为参照系［J］．国际新闻界，2010（5）．

［42］黄甫全，左璜．当代行动研究的自由转身：走向整体主义［J］．教育学报，2012，8（1）．

［43］黄甫全．当代课程与教学论：新内容体系与教材结构［J］．课程·教材·教法，2006（1）．

［44］黄甫全．略论新世纪学习化课程的特征和形态［J］．教学与管理，2001（7）．

［45］黄甫全．让学校成为学习的天堂——校本学习研究引论［J］．教育发展研究，2008（10）．

［46］黄甫全．现代课程与教学论：第三版［M］．北京：人民教育出版社，2014．

［47］黄甫全．学习化课程刍论：文化哲学的观点［J］．北京大学教育评论，2003（4）．

［48］黄健．国外成人教育课程开发模式初探（下）［J］．外国教育资料，2000（2）．

［49］江文雄，施溪泉．职业类科课程发展·职业类科教材教法［M］．台北：师大书苑，2000．

［50］靳玉乐，王洪席．基于过程哲学的课程论研究［J］．教育理论与实践，2011（22）．

［51］卡西尔．人论：人类文化哲学导引［M］．甘阳，译．上海：上海译文出版社，2013．

［52］康红芹，官靖松．基于多元能力培养的台湾技职教育博士生课程研究——以台北科技大学为例［J］．学位与研究生教育，2014（2）．

［53］孔杰．改革开放对博士生英语教学的要求［J］．学位与研究生教育，1998（4）．

［54］夸美纽斯．大教学论［M］．傅任敢，译．北京：教育科学出版社，1999．

［55］李桂荣．非英语专业博士生学术英语的实证教学［J］．中国大学教学，2005（4）．

［56］李继宗，范锡洪，黄为民．全国第四届理工农医博士生"现代科学技术革命与马克思主义"课程研讨会纪要［J］．自然辩证法研究，1995（2）．

［57］李洁，金宝华，郭嘉．聚焦新时期博士生英语教学——比较南

京大学和南开大学［J］．学位与研究生教育，2004（12）．

［58］李莉，肖建英，乔兴旺．高职校内实训基地学生自主管理模式研究［J］．中国职业技术教育，2018（2）．

［59］李鹏程．当代文化哲学沉思［M］．北京：人民出版社，1994．

［60］李文英．非日语专业博士生日语教学的原则与技巧［J］．学位与研究生教育，2005（12）．

［61］林滨，黄晓星．理论逻辑、认知逻辑与生活逻辑的三维一体——中山大学博士生思政课教学改革研究［J］．教育研究，2011（10）．

［62］刘铁芳．从苏格拉底到杜威：教育的生活转向与现代教育的完成［J］．北京大学教育评论，2010（2）．

［63］刘元亮．对加强博士课程思想教育功能的几点看法［J］．自然辩证法研究，1993（3）．

［64］刘则渊．博士生走进马克思主义的重要途径——关于理工科博士研究生理论课教学若干问题的探讨［J］．学位与研究生教育，1999（5）．

［65］卢亮球，高鸿辉，张忠林．中美体育学博士研究生主要研究方向及课程设置比较研究［J］．成都体育学院学报，2005（6）．

［66］卢亮球．中美体育博士培养比较研究［D］．北京：北京体育大学，2005．

［67］罗红艳．基于就业导向的职业学校课程开发模式研究［D］．苏州：苏州大学，2008．

［68］罗尧成．论研究生课程学习与科研训练整合的三个维度——基于30位新进校博士青年教师的调查启迪［J］．学位与研究生教育，2010（11）．

［69］罗尧成．我国高校博士课程设置现状分析及改革建议——基于三所"985工程"高校调查问卷的统计［J］．高等工程教育研究，2009（5）．

［70］骆新娥，朱亲云，陈秋生．加强博士课程建设的实践与思考［J］．学位与研究生教育，1996（3）．

［71］吕燕生．从教学与考试的关系论博士研究生英语教学改革［J］．学位与研究生教育，1991（1）．

［72］吕燕生．教学实践与社会实践的一致性——关于工科博士生英语实践课程改革的初步探索与认识［J］．学位与研究生教育，1992（1）．

［73］马金晶．成果导向教育博士课程发展研究——以教育领导与管理专业为例［D］．重庆：西南大学，2012．

［74］马克思，恩格斯．马克思恩格斯选集［M］．中共中央马克思、恩格斯、列宁、斯大林著作编译局，编译．北京：人民出版社，1995.

［75］马力，韩宝海．研究生"专题研究式"课程教学改革的体会［J］．学位与研究生教育，2001（12）.

［76］马泰来．欲穷千里目 更上一层楼——探索博士生英语教学的途径［J］．学位与研究生教育，1985（3）.

［77］马正学．西北少数民族地区校本课程开发研究［D］．兰州：西北师范大学，2004.

［78］尼葛洛庞帝．数字化生存［M］．胡泳，范海燕，译．海口：海南出版社，1997.

［79］裴娣娜．教育研究方法导论［M］．合肥：安徽教育出版社，1995.

［80］秦荻辉．浅谈博士生英语课程的设置与实践［J］．学位与研究生教育，1998（6）.

［81］秦娟娟．中德高等职业教育课程开发的比较研究［D］．南昌：江西科技师范学院，2010.

［82］清华大学自然辩证法教研组博士生（B班）教学组．寓马克思主义理论教育于当代科学发展之中——博士研究生政治理论教学改革的一点体会［J］．自然辩证法研究，1987（4）.

［83］权冬欣．博士生英语课应用任务型语言教学的案例研究［D］．上海：东华大学，2007.

［84］任超奇．新编现代汉语词典［M］．武汉：崇文书局，2006.

［85］芮明杰．管理学：现代的观点：第二版［M］．上海：上海人民出版社，2005.

［86］上海第一医学院基础部人依解剖学教研室．博士研究生专业课程安排与考试［J］．学位与研究生教育，1984（2）.

［87］申继亮．教学反思与行动研究——教师发展之路［M］．北京：北京师范大学出版社，2006.

［88］申仁洪，黄甫全．合作活动学习刍论［J］．教育研究，2004（10）.

［89］沈培华，陈汝强．探索新路 改进博士生马克思主义理论课教学［J］．学位与研究生教育，1988（5）.

［90］施良方．课程理论：课程的基础、原理与问题［M］．北京：教育科学出版社，1996.

［91］宋虎平．行动研究［M］．北京：教育科学出版社，2003.

［92］孙瑜，佘美丽．基于学科背景的非英语专业博士研究生英语教学模式研究［J］．学位与研究生教育，2012（6）．

［93］孙正聿．哲学通论［M］．北京：人民出版社，2010.

［94］田也壮，杨洋．博士研究生学术文献范例教学的解析方法［J］．学位与研究生教育，2011（2）．

［95］童登莹．谈谈博士研究生的英语教学［J］．学位与研究生教育，1985（4）．

［96］汪耀楠．国际标准汉字词典［M］．北京：外语教学与研究出版社，2005.

［97］王备．为每一个儿童设计课程——学校课程的文化诉求与实践形态［J］．江苏教育研究，2006（5）．

［98］王斌，马红宇，刘新民，等．中美体育博士研究生课程比较研究［J］．体育科学，2001（3）．

［99］王华，李宝庆，沈理彪．博士生英语教学改革的尝试［J］．江苏高教，1995（S1）．

［100］王继创．整体主义环境伦理思想研究［D］．太原：山西大学，2012.

［101］王俊．"全真应用型"非英语专业博士生英语教学的方向［J］．学位与研究生教育，1996（1）．

［102］王坤庆．现代教育哲学［M］．武汉：华中师范大学出版社，1996.

［103］王收阁，曹秉刚．重视课程学习优化知识结构提高博士生培养质量［J］．学位与研究生教育，1997（1）．

［104］王同顺．突出重点 提高博士生英语教学效率［J］．学位与研究生教育，1993（1）．

［105］王学义．伸张与陷阱——对后现代主义的几点解读［J］．四川师范大学学报（社会科学版），2002（1）．

［106］王雪梅．加拿大英语专业博士课程设置、学位论文评估对我国外语专业博士生学术能力发展的启示［J］．外语界，2013（6）．

［107］王耀庭．博士研究生的"应用工具型"英语教学［J］．学位与研究生教育，1993（1）．

［108］王玉．对研究生专题研究导向式教学方式的探讨［J］．学位与研究生教育，2005（1）．

［109］王知津，严贝妮，李彤，等．中美图书情报学研究生教育与培养比较研究：博士课程设置实例分析［J］．图书情报知识，2008（6）．

［110］威尔斯，邦迪．课程开发：实践指南［M］．徐学福，陈静，译．北京：中国轻工业出版社，2007.

［111］卫晓萍．在生活中成长——幼儿生活教育的实践与研究［J］．教育发展研究，2010（20）．

［112］魏宏森．关于博士生《现代科学技术革命与马克思主义》课程教学改革的几点体会［J］．自然辩证法研究，1993（6）．

［113］魏宏森．我对博士生《现代科学技术革命与马克思主义》课程教学改革的几点认识［J］．自然辩证法研究，2010（8）．

［114］温海燕，潘杰义．行动学习法简介［J］．学位与研究生教育，2003（5）．

［115］温忠麟．教育研究方法基础［M］．北京：高等教育出版社，2009.

［116］文星．斯腾豪斯"研究模式"与艾斯纳"鉴赏评价模式"比较研究［J］．西安欧亚学院学报，2012（1）．

［117］武天林．马克思主义人学导论［M］．北京：中国社会科学出版社，2006.

［118］项喆源．基于科技创新项目的校本课程开发模式探究——以《中药化妆品创新课程》为例［D］．上海：上海师范大学，2014.

［119］徐奉臻．"一元三线梯级型教学模式"的构建与思考——有关博士生"现代科技革命与马克思主义"课程内容及体系的一项探索［J］．自然辩证法研究，2001（7）．

［120］徐希元．当代中国博士生教育研究［M］．北京：知识产权出版社，2006.

［121］徐治立．全国"现代科技革命与马克思主义"学术研讨暨第十一届理工农医博士生公共理论课教学研讨会会议纪要［J］．自然辩证法研究，2006（11）．

［122］徐忠勤，何锐敏，强文鑫．切实加强博士学位课程建设 努力提高博士生培养质量［J］．学位与研究生教育，1992（5）．

［123］许洁英，王嘉毅．西方教育学博士研究生培养的若干举措——兼论西方教育科研人才的培养［J］．学位与研究生教育，1996（5）．

［124］雅斯贝斯．时代的精神状况［M］．王德峰，译．上海：上海译文出版社，1997.

［125］杨冬晓，冉立新，叶险峰，等．博士生兼助教：推动实验教学改革［J］．高等工程教育研究，1998（3）．

［126］杨新秀．以就业能力为导向的高职课程开发模式研究［D］．天津：天津大学，2009.

［127］姚孝军，秦军，胡素芬．博士生学术英语阅读与讨论课程实验报告［J］．外语教学理论与实践，2014（3）．

［128］叶澜．教育研究方法论初探［M］．上海：上海教育出版社，1999.

［129］袁燕华．多元互动英语教师校本教育模式：理论与实践［D］．上海：上海外国语大学，2013.

［130］臧燕平．学生为主体的课程开发模式初探［D］．北京：首都师范大学，2012.

［131］张伯瑜．社会现实下的分享与抗争——中央音乐学院音乐学系硕士和博士研究生的入学、教学与毕业要求［J］．中央音乐学院学报，2005（3）．

［132］张沉香．语域理论对博士研究生英语听说教学的启示［J］．外语与外语教学，2006（8）．

［133］张夫，董洪．"现代科技革命与马克思主义"——全国第十届理工农医博士生公共理论课教学研讨会综述［J］．科学技术与辩证法，2004（5）．

［134］张桂萍．"任务教学法"在博士研究生英语教学中的应用——通过与英语科技论文笔者的学术交流培养博士生学术交流能力的个案研究［J］．学位与研究生教育，2006（12）．

［135］张济华，俞理明．明确教学目标 改变教学模式 转移教学重心——博士生英语教学改革体会［J］．学位与研究生教育，1998（5）．

［136］张攀峰．高校教师教育技术培训模式的研究［D］．保定：河

北大学，2005.

[137] 张天舒，李明磊. 日本高等教育重点建设战略新动向——博士课程制教育引领计划 [J]. 高等教育研究，2012（12）.

[138] 张为国，陈信元. 全面展开博士生教学改革 造就跨世纪会计学术带头人 [J]. 会计研究，1999（5）.

[139] 张武德，刘学政. 博士生"国际学术交流英语"课程教学设想 [J]. 高等工程教育研究，2008（S1）.

[140] 张祥兰，王秋丽，林莉萍. 影响博士生科研能力培养的课程因素调查分析 [J]. 学位与研究生教 育，2010（5）.

[141] 张新海. 关于教育研究方法论的几点探讨 [J]. 河南教育学院学报（哲学社会科学版），2000（2）.

[142] 张亦政. 变则可久 通则不乏——中科院博士生英语教学九年回顾 [J]. 学位与研究生教育，1993（2）.

[143] 张月明. 交际性原则在俄语阅读课中的应用——博士生一外俄语教学探索 [J]. 山东大学学报（哲学社会科学版），1995（3）.

[144] 赵需要. 数字时代情报学博士课程体系创新 [J]. 情报理论与实践，2011（4）.

[145] 中国博士质量分析课题组. 中国博士质量究竟如何 [N]. 光明日报，2011 – 05 – 10.

[146] 中国社会科学院语言研究所字典编辑室. 现代汉语词典 [S]. 北京：商务印书馆，2016.

[147] 钟启泉，汪霞，王文静. 课程与教学论 [M]. 上海：华东师范大学出版社，2008.

[148] 钟启泉. 现代课程论 [M]. 上海：上海教育出版社，1989.

[149] 周红红，绳丽惠，郭海云. 基于建构主义理论的博士生学术交流英语课程设计 [J]. 学位与研究生教育，2011（2）.

[150] 周济. 培养博士生创造性思维的教学模式 [J]. 自然辩证法研究，1995（3）.

[151] 周宁. "独白"的心理学与"对话"的心理学 [J]. 西北师大学报（社会科学版），2002，39（6）.

[152] 周宁. 独白的心理学与对话的心理学——心理学的两种话语形态 [M]. 长春：吉林大学哲学社会学院，2004.

［153］周树荃. 开设工学类博士生数学课程的设想［J］. 学位与研究生教育，1989（2）.

［154］周占祥，赵冬缓. 改革课程设置　拓宽农科博士生知识面［J］. 学位与研究生教育，1995（3）.

［155］朱虹. 宁夏幼儿园园本课程开发模式研究［D］. 银川：宁夏大学，2005.

［156］朱人求. 近期国内文化哲学研究综述［J］. 学术界，2001（3）.

［157］朱识君. 谈博士、硕士生俄语二外教学中的俄英对比问题［J］. 山东大学学报（哲学社会科学版），1995（4）.

［158］朱亭亭. 二战后美国博士生教育的历史研究——以课程体系为研究维度［D］. 上海：华东师范大学，2010.

［159］朱晓慧. 新马克思主义消费文化批判理论［M］. 上海：学林出版社，2008.

［160］朱月珍. 工科博士生综合英语课教学初探［J］. 高等工程教育研究，1993（3）.

［161］诸大建. 博士生《现代科技革命与马克思主义》课程教学探索［J］. 自然辩证法研究，1997（10）.

［162］诸大建. 博士生现代科学技术革命与马克思主义课程教学的一些探索［J］. 学位与研究生教育，1998（1）.

［163］上海市地方志办公室，复旦大学历史系. 复旦大学招收方志学博士研究生并与上海市地方志办公室联合举办历史文献学专业（方志学方向）研究生课程进修班［J］. 中国地方志，2008（7）.

［164］李典仪. 全国第七届理工农医博士生"现代科学技术革命与马克思主义"课程教学暨学术研讨会纪要［J］. 自然辩证法研究，1998（12）.

［165］罗珍资. 基于生态学的大学生自主管理研究［D］. 广西师范学院，2010.

［166］陈小玲，何大义，于光. 构建员工自主管理模式——以新汶矿业翟镇煤矿为例［J］. 企业管理，2016（1）.

［167］曹雪梅. 自主管理、互动发展——图书馆打造读者主导型互动文化平台的实践探索［J］. 图书馆理论与实践，2014（4）.

［168］岑岗，余建伟. 构建学生自主管理的开放型项目教学新环境［J］. 实验室研究与探索，2011，30（2）.

［169］柴钰．大学生自主管理的开放创新实验室模式［J］．实验室研究与探索，2012，31（1）．

［170］常建茹．小学班级自主管理体系的建设［J］．教学与管理，2019（11）．

［171］方文彬．独立学院大学生自主管理现状与对策［J］．教育与职业，2010（12）．

［172］冯建军．主体教育理论：从主体性到主体间性［J］．华中师范大学学报（人文社会科学版），2006（1）．

［173］高果邦．构建商业银行客户经理自主管理机制［J］．农村金融研究，2017（10）．

［174］郭昕，田辉玉，白婧静．自主管理视域下的高校学生管理创新——基于武汉工程大学学生自主管理的研究［J］．教育研究与实验，2011（6）．

［175］韩佳平，岑岗．开放型实践教学基地的学生自主管理研究与探索［J］．实验室研究与探索，2014，33（4）．

［176］韩震，和跃．企业人力资源的自主管理与法治规制［J］．学术界，2013（S1）．

［177］郝庆福．学生自主管理模式探究［J］．中国教育学刊，2010（S2）．

［178］胡敏．高职院校学生自主管理工学实训组织建设的思考与实践［J］．教育与职业，2013（3）．

［179］黄明东，蒋立杰，黄俊．高校学生自主管理学校理论之构建［J］．教育研究与实验，2013（1）．

［180］乐国林，张新颖，高艳，毛淑珍，陈公行．领先企业自主管理研究的内在机理——基于海尔、华为实践素材的扎根分析［J］．管理学报，2019，16（7）．

［181］李俐均，李光华，沈小燕．行"小先生"自主管理模式 知乡村校寄宿教育本真——以重庆市合川区育才学校寄宿制管理探索为例［J］．中小学管理，2016（11）．

［182］李莹，徐原．高校学生自主管理中的主体发展［J］．中国成人教育，2016（23）．

［183］李祖丰．中学班级自主管理略探［J］．学校党建与思想教育，

2011（15）.

［184］刘康声.高职院校大学生情绪自主管理状况调查［J］.教育与职业，2014（1）.

［185］刘立龙.人本管理理念下的高校教学管理改革［J］.教育与职业，2014（26）.

［186］刘威.员工有效自主管理安全伙伴星级管理模式探析［J］.煤矿安全，2018，49（8）.

［187］刘伟，张旭.高中生班级自主管理能力培养研究［J］.教育科学，2011，27（1）.

［188］陆正军.班级自主管理的机制保障［J］.教学与管理，2013（34）.

［189］彭善民.枢纽型社会组织建设与社会自主管理创新［J］.江苏行政学院学报，2012（1）.

［190］芮兰兰，邱雪松，李文璟，孟洛明.面向移动自组织网络的自主管理架构及应用［J］.北京邮电大学学报，2011，34（S1）.

［191］石立民，陈灏.高校图书馆学生全面自主管理模式的创新——以上海海事大学图书馆为例［J］.图书情报工作，2016，60（S1）.

［192］宋佳佳，李艳芬，刘兴盼.高校图书馆勤工助学学生自主管理模式创新研究——以北京工商大学图书馆为例［J］.图书情报工作，2012，56（17）.

［193］宋剑.我国主体教育理论发展的历史进路［J］.教育研究与实验，2011（1）.

［194］苏岩，赵国生，王健，张楠，李琳.一种可生存系统的自主管理模型［J］.计算机科学，2014，41（4）.

［195］田裕康，罗维平.创新实验室自主管理和自主学习模式探析［J］.实验技术与管理，2012，29（2）.

［196］王娟丽，马永喜.水资源农民自主管理模式：运行机制与管理绩效［J］.农村经济，2015（1）.

［197］王霜，熊鹰.学本课堂视域下的小组自主管理文化建设［J］.中学政治教学参考，2016（31）.

［198］王彤.基于信用度的互联网络自主管理策略研究［J］.编辑之友，2014（9）.

［199］王彤．网络实名制下的自主管理策略［J］．当代传播，2013（1）．

［200］朱学尧．高中班级自主管理存在的问题及改进策略［J］．学校党建与思想教育，2013（5）．

［201］向巧．基于问题导向的企业员工自主管理长效机制建设［J］．中国人力资源开发，2015（20）．

［202］肖建英．高职校内实训基地"开放式"学生自主管理与学习模式探析［J］．教育与职业，2017（20）．

［203］肖志成，蒋湘祁．成教学生闲暇时间自主管理现状与对策研究［J］．中国成人教育，2011（18）．

［204］许景存．实施安全自主管理促进企业安全发展［J］．煤炭技术，2013，32（11）．

［205］尹敏敏．思想政治渗透目标自主管理的探索［J］．中学政治教学参考，2015（18）．

［206］张昊民，杨涛，马君．自主管理团队的协和控制、成就目标导向对成员创造力的跨层次影响［J］．科学学与科学技术管理，2015，36（8）．

［207］张俊．基于人本管理理论的高职院校兼职教师队伍建设困境与对策［J］．教育与职业，2019（10）．

［208］张俊湘．基于生命教育的学生自主管理初探［J］．中国教育学刊，2012（S2）．

［209］张维，秦丽平．试析学生自主管理模式的构建［J］．教学与管理，2011（12）．

［210］周文泓，向宇，文传玲．商业性网络平台内容信息的用户自主管理功能研究［J］．图书馆学研究，2019（4）．

［211］朱春英，史小红．小学班级自主管理模式的构建及实践研究——以太原市迎泽区桃园南路小学为例［J］．教育理论与实践，2015，35（8）．

［212］王琴，孙国宽．新兴教育研究方法——引导性日志的背景与结构分析［J］．赤峰学院学报（汉文哲学社会科学版），2009，30（4）．

［213］杨凌雷，李晓华．引导性日志的模式建构及其开发应用策略［J］．青海师范大学学报（哲学社会科学版），2010，33（2）．

［214］王琴．作品分析法对提升小学生英语写作能力的准实验研究［J］．中国校外教育，2011（19）．

［215］张耀龙，张有录．网络、多媒体环境下大学英语教学优势的理性审视［J］．卫生职业教育，2008（12）．

［216］水延凯，江立华．社会调查教程：第六版［M］．北京：中国人民大学出版社，2019.

［217］张一旦．表现性评价应用于数学问题解决的行动研究［D］．上海：华东师范大学，2018.

致　谢

　　本书是在我的博士论文基础上修改而成的。完成之时，忆众君相助，无限感激。

　　首先我要衷心感谢导师黄甫全教授及师母孙勤老师。入门以来，尽享两位的温馨关爱和悉心教导。黄老师，博学多闻，言传身教，引领我修身养性、学以致用。孙老师蕙质兰心，对我嘘寒问暖、关爱有加，让我感受到了亲人般的关怀。

　　感谢导师组的老师们在师生见面会和研讨会上对我的悉心指导。衷心感谢林少玲老师在教育管理、理论应用和教学实践等方面给予我的启发。诸位老师广博的学识涵养、严谨的治学态度和包容的人文情怀让我钦佩不已、奋发向上。"仰望星空，脚踏实地，敦品励学，追求卓越"等勉励让我热血沸腾、不断进取。

　　我先后幸蒙张广君教授、扈中平教授、强海燕教授、曾文婕教授、胡劲松教授、李志厚教授、冯生尧教授、柯森教授等授课，还先后聆听了卢晓中教授、谢少华教授、吴颖民教授和胡中锋教授等的讲座。诸君的精彩之讲授、睿智之见解让我拨云见日，为我的论文撰写打下了坚实的基础。在此我表示衷心感谢。

　　感谢硕士生导师蒋士会教授。蒋老师不仅在我读硕士期间给予我学习上的指导和生活上的关心，还在我毕业之后一直鼓励我努力工作，坚持学习，不断完善自己。您的循循之教、倾力之助、适时之勉，令我受益匪浅，感动至深！

　　感谢情同手足、互帮互助的同门，感谢我的同窗好友，感谢既是我的研究对象，又与我共同行动、共同研究、共同成长的同学们。

　　感谢华南农业大学的领导和同事们对我工作和攻读博士学位的支持。感谢华南农业大学公共管理学院、人事处、农学院、经济管理学院、人文与法学学院和马克思主义学院等单位的领导和同事们。领导们对我的关怀和指导，同事们对我的支持和关心，都是我前进的莫大动力，也让我倍感温暖。在此，衷心感谢诸多领导和同事给予我的帮助！

感谢我的父母，感谢我的丈夫、女儿、儿子，感谢我的众位亲友，正因为有你们的大力支持，我才能顺利完成书稿！同时，还要感谢姚晓莉编辑在本书出版过程中的帮助。

饮水思源，本书还引用了众多专家、学者、老师等的研究成果，在此亦表示衷心的感谢！本书把研究对象作品的部分内容作为案例进行分析，由于书稿历时较久，可能有些人的研究成果已经发表，若未能引注，敬请谅解。

春秋迭易、岁月荏苒。感激诸事，历历在目。回顾往昔、预见未来，吾心满溢感恩之情，将更加努力做好教学和科研工作，践行学研内容，回报春晖万一。

邓永超
2019 年 5 月于广州